Wilhelm Arent

Liebfrauenmilch

Wilhelm Arent

Liebfrauenmilch

ISBN/EAN: 9783743352148

Hergestellt in Europa, USA, Kanada, Australien, Japan

Cover: Foto ©ninafisch / pixelio.de

Manufactured and distributed by brebook publishing software (www.brebook.com)

Wilhelm Arent

Liebfrauenmilch

Wilhelm Arent.

Liebfrauenmilch.

Zweite Auflage.

Dresden und Leipzig.
E. Pierson's Verlag.
1892.

Paul Bartsch

und

Adalbert von Hanstein

gewidmet.

Sehr lehrreich ...
(Quasi ein Prolog.)

Sehr lehrreich sind für uns die Herr'n Franzosen,
Ihr Witz ist schneidig, sicher, elegant:
Ob sie sich zeigen „mit", ob „ohne" Hosen —
In jedem Falle sind sie ganz charmant ...

Erlaubt sind ihnen selbst die größten Zoten;
Wenn nur esprit den Schaum recht locker schlägt,
Dann freu'n wir uns an hoh'n und tiefen Noten
Es ist uns gleich — wenn nur der Schall recht trägt!

Sumpfluft: wir lernen prächtig sie ertragen!
Uns weidet adamitisch-freie Lust!
Ob sonst für „Teutschland" nur die Herzen schlagen —
Kein Chauvinismus pocht an unsre Brust! ...

Denn in Thaliens leichtdrapierten Tempeln
Da herrsche, was gefällt, was amüsiert —
Wer wird die Zote als Verbrechen stempeln,
Wenn sie die Sünde lächelnd persifliert?

„Insel Sein"
(Normandie).

In rauhem Nordlands-Meere
Ein Paar Buschinseln liegen —
Dort grüßt ein „Feld der Ehre"
Nach rauhen Lebenskriegen!
Dort hinter'm Reisigzaune
Umfriedet selig ruhen
Die düstre Schicksalslaune
Besiegt — in Eichentruhen! . . .
Sie, die in fernen Landen
Die Heimat nicht mehr sah'n,
Als „Leichen" mußten stranden
An diese Insel an,
Die „schiffbrüchig" gerettet
Nichts, — nicht das nackte Leben! —:
An diese Scholl' gekettet
Ward ihnen Rast gegeben. —

Der „Hain der Gefallenen".

In Indiens schaurig-wilder Tropenfülle
In tiefem Urwald grüßt ein dunkler Hain,
In dessen seltsamdüst're Leichenstille
Altengland gräbt die toten Söhne ein.

Wo Madras graue Kirchhofsmauern grüßen
In hoher Mangobäume Schattentraum:
Die Opfer der Regierung schaurig büßen
Welteinsam — ach! die Welt, sie weiß es kaum!

Und Nachts — da schleichen Schakal und Hyänen
Den Leichenduft witternd gierig herbei
Und zerren mit des Hungers gier'gen Zähnen
Die Leichname heraus mit gellem Schrei.

„Moderndes Fleisch ihr liebster Leckerbissen" —
So letzt sich hier an faulem Aas die Brut,
Gefall'ner Helden blut'ges Schlummerkissen:
Zum Fraß der Wüstentiere dient es gut! . . .

Japanesisch Götterbild.

Vor des Bildes Strahlenfläche —
Des Japaners stolzem Gott —
Liegt der Sohn der „tausend Bäche"
Und klagt Buddha seine Not!

Mit ihm geht den „Weg der Götter"
Aller Sonnanbeter Schaar;
Buddha ist ihr milder Retter,
Der ein Held wie Christus war!

So in allen Landen, Zonen
Nächstenliebe sanft und mild
Erste ist der Religionen —
Japanesisch Götterbild.

Dämonium.

Anb're Zeiten anb're Götter! . . . .
O, welch' teuflisches Entzücken
Durch der Leidenschaften Wetter
Sich den Weg zum Licht zu brücken!

Durch des Oceans Wogenbranden
Zu Italiens gold'nen Auen
Zu den Cordilleren, Anden,
Zum Amazonas, dem blauen . . . .

Aus der Pußta Haidrevieren —
Fort von Sau- und Pferdehütern —
Wild zu rasen „hoch zu Vieren",
Bis zu rauhen Moskowitern!

Wo sich Jud' und Dirne prügeln,
Trunken in den Gossen liegen:
Dort die Hengste stolz zu zügeln,
Faustisch-wilde Gier besiegeln!

Dort in ranz'ger Nachttaverne
In der Wolga Sandregionen
Beten zu der Liebe Sterne,
Wo lustfinstre Skopzen wohnen.

In Ungarn.

In Ungarn giebt es Pferdehirten
Im Schafspelz unter'm Schindeldach,
Die fürstlich ihre Gäst' bewirten
Mit veritablem Schnapsgelag!

Kön'ge der Pußta, Haideritter
Die mit den Schweinen schlafen geh'n,
Im Magen ihren Fuselbitter
Wie Eichen stolz dem Sturme stehn!
Prächt'ge Kerle sind die Heidmatten
Und ihre Dirnen wild und schlank
Wie Heiderauch auf Sumpfcloaken! — —
Wie schön! In üpp'gem Lustgerank;
(— Wenn heißer alle Pulse hämmern,
Der Czardas Herz und Niere sprengt! —)
In wollüstigem Heidedämmern
Sterben — von Dirnen-Kuß versengt!!! —

Im Mai.

O, diese Sonne! dieses Leuchten.
In alle dunklen Daseinstiefen!
Aus Augen, trüben, thränenfeuchten
Die Strahlen holde Freude riefen ...
Ein Meer von Gold, von milder Bläue,
Umspannt die weiten Himmelswelten,
Die Erd' in sanfter Muttertreue
Ruht unter heil'gen Sonnenzelten:
Daß jeder sich des Daseins freue
Webt rings ein farbenprächtig Glühen
Und Blumendüfte, immer neue
Balsamisch durch die Lüfte ziehen;

Das ist ein wonn'ges Jubilieren
Durch alle Himmel tönt der Sang
Und möchte Engel selbst verführen
Mit irdisch-süßem Sehnsuchtsdrang, ...
Den Hauch der Güter dürfen spüren
Die Menschen jetzt o Duft und Klang!
Es öffnen tausend Himmelsthüren
Sich sel'gem Wonneuntergang! —
Im Sonnenäther möcht' ich schweben,
Den Lerchen gleich — so hoch und frei! —
Grüßen der Erde Blütenleben —
Und deine Wunder, holder Mai!

Ballade.

Wo Europa's Würfel fallen,
Diplomaten — Stern an Stern
Durch die hohen Säle wallen:
Sucht die „Herrin" ihren „Herrn"!

In den lichten, weiten Hallen
Tummeln sich die Paare gern,
Janitscharenklänge schallen
Näher bald, dann fern . . . . ganz fern!

Und zwischen den Paaren allen
Weltgeschicke sich gebär'n;
Duft'ge Spitzenwolken wallen
Um die „Gräfin von Savern."

Gläser klingen, Messer klirren,
Laute Toaste schwirren hin —
Aus den schönsten Seidenwimpern
Grüßt das Aug' der Königin.

Ihrer Blicke edle Gluten
Atmen holdes Kinderglück,
Weich des Blondhaars lichtes Fluten
Fällt zum Nacken tief zurück.

Wenn sie spricht: wie Melodieen
Klingt es einer andern Welt,
Wie im ersten Frühlingsblühen
Ein Choral aus Engelswelt...

Könnt' als Sclav' ich mit dir ziehen
Königin!.... Leben erhält
Liebe nur in stummem Glühen
Durch der Sehnsucht schöne Welt!....

In den Pampas.

In den Pampas frei zu schweifen
Als Amazonas-Indianer,
Nach des Urwalds Frucht zu greifen
Wie ein freier Mexikaner,
Feucht umweht von frischen Brisen,
Von des Oceans herben Winden
Unter dunklen Urwaldriesen
Eine Ruhestätte finden,

Wie ein Trapper, Hinterwäldler
Königlich mit Raubgelüsten
In Bereich der eignen Felder
Paradiesisch sich zu brüsten:
Welch' ein keck Vagantenleben!
Welch' ein frohes, freches Wagen!
Welch' ein kühnes Vorwärtsstreben
Mannesluft — nicht auszusagen!
In dem Zeitenlauf, dem schnellen,
Welch' ein durstig Odemschöpfen! —
Fern . . . des Oceans Riesenwellen . . .
Grüßen mit den schaum'gen Köpfen!

"Nach Sevilla, nach Sevilla".
Unter der Alhambra Duftarkaden
Lockt die schönste Andalusierin,
In dem Rausch der Schönheit trunken baden
Sie beim Fest der Rosenkönigin!

Unter Büschen, unter Blütenbronnen
Wie sie nur des Orients Wonne kennt
Grüßen purpurn maur'sche Scharlachsonnen,
Bis das Herz in wilder Glut entbrennt . . .

In dem Cirkus kämpft Madrids Torero;
Und die Menge rast und jubelt wild,
Der Fandango klingt, Sevilla's Xero
Stampft in dieses blut'ge Taumelbild . . .

Andalusiens grelle Purpurfarbe
Wildphantastisch sich im Tanze schlingt,
Mancher „Don" zeigt seiner Liebe Narbe —
Neu sein Blut der Bach der „Ehre" trinkt!

Feurig lieben Spaniens stolze Söhne:
Wie der Sierra wilde Windsbraut fährt
Wenn der Alpen ew'ge Märchenschöne
Stolz des Südens üpp'ger Duft verklärt!

Immer neu zieht es die glüh'nde Seele
Aus des Nordens bleichem Nebeltraum
In Hispaniens lichte Blütensäle,
In Hispaniens gold'nen Freudenschaum! . . .

Budapest.

Ungarns wilde Glutgesänge,
Feurig-stolze Czardasklänge
Locken dich wollüstig fort
Aus des Saales niedrer Enge
In den Taumeltanz der Menge
Zu dem schönsten Weibe fort! . . .
Dieser Reize Göttermacht
Laß dein wild-dürstend Herz trinken,
In des Auges Wonnenacht
Mußt du fessellos hinsinken,

Was dies Weib göttlich gedacht
In den höchsten Wonnen trinken,
Bis der selig-schönsten Nacht
Gold'ne Zaubersterne blinken . . .

Jani.

Aus welchen Himmelsräumen
Schwebst du herab zu träumen
Mit mir dem Erdensohne?
Du läßt mich nahn dem Throne,
Dem Paradies der Liebe!
Weißt du, daß bleiche, trübe
Gespenster mich umwallen
In deren Höllenkrallen
Ich ewig siechen muß?!
Auf Leichen irrt mein Fuß —
In tausend Erdennöten
Kann ich den Haß nicht töten,
Daß ich geboren bin!
Kein Tag bringt mir Gewinn,
Kein Lieben bringt mir Heil,
Mein Weg ist rauh und steil,
Unsterblich ist mein Ruhm,
Wenn ich das Heiligtum
Der Wahrheit kühn errang
In stolzem Untergang . . .

Wo winkt die ew'ge Ruh?!
Bist du die Sonne, du
In deren reinem Strahl —
Ein einziges, seliges Mal! —
Die Seele rein verhaucht,
Eh' ewig untertaucht,
Sie in des Nichtses Schooß?
Wo strahlst du rein und groß
Du herrliches Empfinden?
Du göttlich Friedenskünden,
Dem meine Thräne fließt?
Der Sehnsucht Blume sprießt
Mir hold o Weib! entgegen!
Bist du der süße Segen
Erfüllung meiner Schmerzen,
Erlösung meinem Herzen?!
Mich treibt mein Dämon weiter! —
Ich sterb' ein müder Streiter
Dem hehren Ideal
In dunklem Thränenthal.

Petersburg.

Gelb der Newa Wogen fluten
An dem bunten Hafendamm,
In der Mondnacht Geistergluten
Auf dem Newsky-Macadamm,

In Theehäusern tannenwarmen
Am vollen Satustatische,
Wutky in Beinen und Armen
Und im Magen Wolgafische,
In den Adern Rußlands Sterne
— Bleiche, wundervolle Strahlen! —
Wie sich da in Schicksalsferne
Wundervolle Träume malen! . . .

Die phantast'sche Welt der Bretter
Ist langweilig — schier zum Sterben! —
Gegen Petersburger Götter,
Die um Asiens Freuden werben!

Im Orient.

Eine königliche Welle
Trieb zu dir mich, heiliges Land:
Wo der Sonne goldne Helle
Ewig strahlt um Samarkand;

Wo Olivenhaine grüßen
Von der starren Felsenwand,
Keusch sich zu des Wandrers Füßen
Dehnt des Flusses Silberband.

Stolze Beduinen wohnen
Dort in malerischer Rast
Und des Sultans Fahnen thronen
Auf des Emirs Prunkpalast.

Tambourin und Pfeifen klingen
Durch die märchenstille Luft,
Schöne Odalisken singen
Preisend Schiras Rosenduft.

Alle Sinne lichtumsponnen
In des Orients Traumglanz ruh'n —
Tausend Blumen, tausend Sonnen
Lassen sie im Himmel ruh'n! . . .

Der Wein von Samos.

Wär ich stark und kühn wie Amos
Der gewalt'ge Hirtensohn;
Dich, o Glutenwein von Samos
Sänge ich im Flötenton!

Unter Lilien, unter Rosen
Wächst die Rebe kühn empor,
Wilderzürntes Meerestosen
Trifft ihr feines Muschelohr;

Sanft umhaucht von Lybiens Düften
Reift der junge Feuergeist,
Säuselt lind in Balsamdüften
Mut, der zu den Sternen reißt.

Heil Dir, wundervolle Traube,
Bürgerin der Griechenwelt! —
Nah' als milde Friedenstaube,
Wenn der Halbmond nachtend fällt!

Der Duft deiner Purpurblüte
Zitt're durch die halbe Welt:
Wein, der königlich erblühte
In Kleinasiens Laubgezelt.

Deiner Blume Himmels-Wonnen
Wecken höchsten Freudenglanz
Und im Purpur ewiger Sonnen
Winkt des Ruhmes goldener Kranz.

Im Reiche Hindostan.

Mondscheintrunk'ne Fliederblüten
Weh'n mir in den Goldpokal —
Rauhe Stürme nimmer wüten
Hier in diesem Erdenthal.

Wo der Patriarchen Sitte
Treulich wahrt ein wackrer Chan
Hier in ew'ger Gletscher Mitte
In dem Reiche Hindostan . . .

Hier in diesem Meer, dem blauen,
Das sich mir zu Häupten dehnt,
Darf ich trunk'ne Größe schauen
Stolz durch Heldenkraft verschönt.

Hier, hier weht der Freiheit Fahne!
Und des Hymalaya Spur
Gleicht dem Minaret-Altare
Stummer Größe der Natur . . .

Wo der Wildbach schießt zur Tiefe,
Schäumend braust der Gischt empor:
Als ob Allah selbst hier riefe
Zu dem Paradiesesthor;

Und die weißen Tibetdirnen —
Wie die Riesenfichten schlank —
Gleichen keuschen Purpurfirnen
In der Sonne Glutgerank.

Weiß wie Schnee, biegsam wie Weiden
Zart wie Birken blüht der Leib
Und des Kriegers Erdenleiden
Heilt die Sonne, heilt das Weib.

Mondscheintrunk'ne Fliederblüten
Weh'n mir in den Goldpokal,
Lang ist's her — Auch mir erblühten
Einst Glückssonnen ohne Zahl! . . .

Exotica.

I.

Motti:

Weiber, die aus Nardentöpfen nehmen
Ihrer Reize Zaubermacht,
Die mit Farben Aug' und Wang verschönen,
Haben niemals mich entfacht!

Nur die „Eine" mit dem süßen Leibe, —
Dieses Vollgewächs der Urnatur
Echt die Außenseite, echt das Innre —
Wußte ich allein zu finden nur!...

Ich hab' genug vom Weib! Genug geküßt,
Gespielt, gekost, geherzt, gedrückt, genossen!...

Jacob Altschul.

Im Rausch.
Ein Prolog.

Den Augenblick: könnt ich ihn jubelnd fassen
In seinem wonnigsüßen Fieberduft!
Die jauchzend-tolle Lust, das wilde Hassen
Dem in bachant'schem Rausch Erfüllung ruft!

Wär' ich ein Gott, dem alle Hüllen sanken! ...
Könnt' ich gebieten höchsten Harmonien,
Mit meiner Sehnsucht heißen Purpurranken
Würd' mildernd ich des Daseins Qual umzieh'n ...

Mein Herz — dies Chaos glüh'nder Leidenschaften —
Zähmt' ich zum schönen Strom der Melodie
Und nicht in Funken — mühsam nur errafften —
Sucht' ich erlog'ner Sehnsucht Poesie.

Künden würd' ich, was mir die Seele quälte
Seit sie ein Unglücksstern zur Qual hier schuf,
Was ihr der Hoffnung Heuchelwahn erzählte
Wie all' mein Glück nur düstrer Leidensfluch!

Mein wär'n der Sehnsucht hohe Lichtgestalten!
Das Paradies der Schönheit dürft' ich schau'n!
Den Reiz des süßen Bildes trunken halten —
Und sterben in den Armen schöner Frau'n . . .

Beim Klang der Geigen, im Maskengewühle,
Im Kuß, in ungestümem Wirbeltanz:
Stürbe ich jäh am schönsten Wonneziele —
Mein wildes Herz bräch' in der Schönheit Glanz! —

Zwei Rococco-Ausgrabungen.
I.
Im Tempel der Freundschaft.

Dämmerung umzieht
Mit sanftem Flor
Den Park, die schweigenden Wälder . . .
In mattem Duft
Erstrahlt des Mondes Geisterglanz
Wo im Tempel der Freundschaft
Elysiums sel'ge Schatten wogen . . .

   Durch den Taxus-Bogengang
Trägt des Windes Wollustodem
Vom fahlen Sammthauch des Mondes geküßt
Die Sprühfunken schäumender Lichtcascaden;
Ueppig gaukelnd
Umblühen — immer süßer und wilder —

Magische Traumbilder
Die lüstern-schwärmende Phantasie...

Wie die Purpurrose am Stamm
Unnennbar-schön
Zitterst du
In leisen Wonneschauern;
Wollüstig strömt das Blut durch meine Adern...
Aug' in Auge
Lispelt dein wogender Busen
Trunkne Bejahung...
Bebend fühl' ich dich!
Immer fester und fester
Mit luststarken Armen
Umfaßt uns
Im Tempel der Freundschaft:
Die „Feier der Liebe"...

II.
Im Bade.
(Nach Eduardo conte di Passaro; Halle Hendel 1802.)

Ach! Er ist verschwunden
Der selige Augenblick,
Da ich dich, schöne Florigena,
Entkleidet am Bache belauschte;
Amoretten spielten lüstern
Mit den zarten Formen
Deiner junonischen
Schlanken Gestalt,

Die zart sich kräuselnden Härchen
Wie sie so zaubrisch
Deine Wonne verkündenden Glieder umwanden,
Wie jeder Tritt deines kleinen Fußes
Mir neue Reize entdeckte!...

Höher wogte
Der warme Schnee
Deines leise sich hebenden Busens,
Wie von Lilien und Rosen gewebt
Schimmerte keusch
Der Sehnsucht Küste...
Und jungfräulich-sittsam
Decktest du den kleinen Purpurmund:
Des Leibes schwellende Rundung
Mit der kleinen, marmorweißen,
Nervöszitternden Hand;
Noch sehe ich dich
Wie du langsam
Zur sehnsüchtig-lockenden Flut hinabstiegst.
Deinen blendenden,
Herrlichen Alabasternacken
Umfing mein gieriglauschender Blick.
Nie vergesse ich
Wie da die leise murmelnden
Wellen des Baches
Dich lieblich-hüpfend umwogten,
Wie dein spähend Aug'
Am grünen Wiesenufer hing —
Und fürchtend sich schloß;

Denn da vergaßest du
Himmlisch-Bezaubernde
Die „Paradiesespforte"
Der Liebe zu decken...
Wild erglühten meine Sinne
Dem heißen Fiebertraum
Königlicher Wollustpracht...
Schon wagt' ich es
Kühn Dir zu nahen —
Doch ich Unglücklicher
Was that ich?! —
O entzückender Augenblick!...
Das Wort verstummt —
Schamerrötend schweig' ich zu sagen,
Woran du Himmlische nicht dachtest —
Und doch, himmlische Ursache du!

Ein Bild
(Omphale.)

Auf weißem Atlas ruht Omphale...
Die Lilienbrüste deckt des Goldhaars Flut,
Die Wange gleicht dem Mondopale
Bleich schimmernd in des Harems Dämmerglut...

Den Fuß schmückt die Purpursandale,
Drin seines Bildes holder Reiz gestickt,
Gespenstig zeigt das Licht, das fahle,
Daß süßer Tod die bleichen Glieder schmückt;

Das schöne Auge träumerisch geschlossen —
Ein holdes Lächeln um den Purpurmund —
Hat sie der Liebe süßes Gift genossen,
Amor's Pfeil traf ihr Herz zu Tode wund! ....

Orientalisches Bad.

Noch feucht das Haargelock, des Meer's Najade,
Entsteigst du rosig par'schem Marmorbecken,
Nach lauem, frühlingsduft'gem Veilchenbade
Müd' dich auf Indiens Tigerfell zu strecken ...

Die Sclavin reibt der Herrin schöne Wade;
Naht jetzt mit weichem Schwamm die Haut zu wischen —
Asiens Pfauen schlagen die bunten Rade
Und Papageien kreischen in den Büschen.

Der Mittagssonne grelle Purpurstrahlen
Zittern im Silberspringquell der Fontaine,
Stolz sie, o Göttin, deine Reize malen —
Doch du zeigst lachend deine weißen Zähne.

In?

Wild rauscht die Musik, wild brausen die Rhytmen,
In bachantischer Lust rast der Tanz dahin
Und die Menge wogt in die Nacht hinaus
Hinaus in den freien Sternenhimmel ...
Die Wasser plätschern, die Lichter glänzen,
Sternschnuppen schießen leuchtende Blumen

In's fieberisch-tolle, nachtbunte Treiben.
Das Laster protzt frech in Sammt und Seide,
Die Tugend wandelt in schlichtem Kleide
Frohatmend am Arme des teuren Geliebten . . .
Kalt such' ich den Weg durch die fremde Menge,
Nicht verurteil' ich Euch mit catonischer Strenge,
Die der Liebe Götterrausch ihr entehrt,
Ihr armen,. frivolen, modernen Zigeuner!
Tief bedaur' ich nur, daß euch ewig verwehrt
Ihr Aermsten! am Tische der Götter zu sitzen!
Nie habt ihr die Speise der Liebe gekostet
Wenn die Lippen triefen vom Thau der Sehnsucht,
Die Seelen wie Wellen hinüberfließen
In dein Schöpfungsrätsel, Mutter Natur.

Sylvester 89/90.

O seht die düst're Karawane!
Den Zug des Tods im alten Jahr!
So mancher, der dem holden Wahne
Des Lichts gelebt, ein Held hier war:
Schwebt nun, von gold'nen Lichtgestalten
Des Ruhms umstrahlt im Geisterschein
Dort, wo die ew'gen Lichtgewalten
So traumhaft grüßen irb'sche Pein . .

Lichtstolz der Seele Fibern beben:
Durstig trinkt sie der Zukunft Glück
Und dankt den Göttern, die ihr geben
So herrlich-schönen Sonnenblick!

„Tot ist lang die Krone Polen".

(Ein Cyklus.)

Motto:
Kopenhagen—Elsa—Fauststimmungen S. 105.

Motti:

Zertreten wurden sie, zerstampft wie Sand
Und blieben standhaft wie der Bau der Erde.

Longfellow.

Schon sammelt sich zum Vorwärtsstoße
Schlitzäugige Mongolenschaar;
Schon wird in der Sarmaten Schoße
Die künft'ge Weltmacht offenbar.

Ernst Sartorius.

Im Sturm zerschellt der Gottheit Bild.

Frida Schwab.

Motto:
Stolz wie ein Pole.

I.

Vom Scheitel bis zur Sohle
Sinds feurige Sarmaten,
Manch stolzer, edler Pole
Erzählt von Polens Thaten! — —

Wie einst in blut'gen Kämpfen
Der Bruderkrieg entbrannte,
In Warschaus Pulverdämpfen
Man kein Ergeben kannte!

Wie Frau'n den Schmuck der Haare
Vom Haupte sich geschnitten,
Am Vaterlandsaltare
Ganz Polen stumm gelitten!

Wie Mütter ihre Kinder
Sich rissen von den Brüsten,
Zum Helden ward der Sünder
In trunk'nen Todeslüsten . . .

Und wie dann all' die Schaaren
In Polens Wäldern starben,
Im Kampf mit den Barbaren
Sich ew'gen Ruhm erwarben!

Wie Held Koßiuscos Schatten —
Wie Traum — sie all' umschwebte,
Um sie dem Ruhm zu gatten
Der Polen überlebte!

II.

Ritterlich und ganze Männer
Sind sie, Polens stolze Söhne,
Furchtlos-kühne Frauenkenner,
Kuß-Lieblinge der Kamöne.

Sprengen leicht auf wildem Renner
Sie durch gelles Kampfgestöhne:
Helden sind sie — ganze Männer —
Wogt des Schlachttods wilde Schöne!..

Ihre Weiber, blonden Frauen
Schmückt der Männer kühnes Sehnen,
In den Augen, den kornblauen
Zittern Polens Ruhmesthränen ...

An des Vaterlands Altare
Hängen ihrer aller Herzen
Und an Polens düstrer Bahre
Bluten sie in tausend Schmerzen. —

III.

Lerchentrunk'nes Haidedämmern,
Melancholisch Weidenrauschen,
Als ob tausend Särg' sie hämmern
Düsterer Vernichtung lauschen! . . .
Leises Schluchzen, müdes Weinen
Todestraurig - dumpfes Grollen —
Keiner Sonne Freudenscheinen
Nacht nur — und Gewittergrollen!
Blutige Zweifel, wildes Trauern,
Müde, halberlosch'ne Gluten —
Polens Edle, Polens Bauern
In des Todes Brautbett bluten . . .

IV.

Der Ritterorden.

Einst kühn hier an des Weltmeers Borden
In üppig-reicher Kreuzespracht
Herrschte ein stolzer Ritterorden:
Die Sonne der Barbarennacht.

Einst hier die Lilienbanner wehten
Zum Gotteskrieg im heilgen Land,
Mit einem Meer von stolzen Städten
War übersät der reiche Strand.

Großfürsten, Ruriks Söhn' hier standen
Als tief-demütige Vasall'n,
Die vor dem Prior Gnade fanden
In düst'ren Klosterdämmerhall'n.

Heut wie zur Raubzeit der Mongolen
Räst der Taumel der Anarchie,
Verloren ist das stolze Polen
Und neu erstehen wird es nie!....

Der Russe peitscht mit Eisenknuten,
Der Adel knirscht im Hinterhalt!
Bis in Sibiriens eis'ge Fluten
Peitscht ihn das Machtwort der Gewalt. —

V.

Verrat'nes Land! Mit Duldermut
Hast du des Hohnes Kelch geleert,
Kühn deiner Kinder edles Blut
Geopfert dem Tyrannenschwert.

Geächtet irrt und heimatlos
Nun deiner besten Söhne Schaar!
O Polen, einst so stolz und groß —
Und jetzt der Freiheit Blutaltar!

VI.

„Sie ist nicht tot, trotz eurem Droh'n,
Ob hundertmal zu Grab getragen
Auf's neu die wilden Flammen lohn,
Empor zum nächtgen Himmel schlagen . . .

Ihr wähntet sie geknebelt schon
Mit Strang und Blei und scharfem Stahl —
Gleich Banquos Geist, die Revolution
Umgeht — das Lockenhaupt aschfahl".

Durch Polens Felder stürmt sie hin,
Des Aufruhrs Glocken tönen gell, —
Dem Ruf der Freiheitskönigin
Folgt stolz zum Galgen der Rebell! —

VII.

Du bist, was du gesündigt hast,
Dein stolzes Herz verblutet sich —
In düstrer Leiden Centnerlast
Die Zeit dir ungenützt verstrich . . .

Nun ist sie tot, die Herrlichkeit,
Die einst der Ruhm der halben Welt,
Der Schmach, dem Tod bist du geweiht —
Wie Fluch grinst Polens Himmelzelt! —

Tagebuch-Blätter.

Der Seele glüh'nder Sehnsuchtstraum
Ob er sich je erfüllt?
Ob Ruhm die Sehnsucht stillt?!
Karl Ludwig.

Die Not, die Sympathie
Zwingt hundert Selbstgenies auf Erden
Nachbilder fremden Werts zu werben.
Jakob, Michael, Reinhold Lenz.
(Moskauer Papiere.)

O Welt, du Thränen-Thal!
Gryphius.

Präludium.
(Aus eigenen Papieren.)

Wehmütig verhüllt die echte Muse ihr schönes, reines Friedensantlitz im atemlosen Hastgetriebe modernen Genußlebens und vergebens klopft der Verspoet im Zeitalter der Maschinen und des Normal-Arbeitstages an hunderte von Thüren: ein unglücklicher Phantast, der unablässig chimärischen Idealen eines vierdimensionalen Wolkenkukuksheims nachjagt ...

Umsonst ist all' dies Schaffen und Ringen „deß' Lohn tiefbittere Entehrung".*) Wo sind die schönen Zeiten hin, da „Dichter" noch ein Ehrentitel und das Haupt des Poeten romantischer Schimmer umglänzte?! Der Lyriker gilt als eine lächerliche Person, als Narr mit der Schellenkappe und das bischen Interesse, welches das große Publikum noch für Literatur übrig hat, konzentriert sich auf's Theater. Was soll also ein Metier, deß' Früchte taub und tot von Geburt an, was soll ein Schaffen, das nur Feinde oder Spötter zeitigt, jede gute Stunde vergällt! Wie, ihr wollt mir das nicht glauben, ihr lieben, guten Menschen, die ihr als gutmütige Philister in der großen Heerde des Alltags mittrottet? — es ist doch so! Die Zustände „hinter den Literaturcoulissen" sind nachgrade geradezu „schmachvolle"!

---

*) Modernes Trio. S. 34.

Wehe dem, deß' Wappen das Schild des „Gentlemans"
bildet... Ich könnte aus eigener bitterer Erfahrung Daten
erzählen, wie sie heute wohl jedem unverbesserlichen Idea-
listen passieren, in dieser Schärfe aber nur mir passierten!
Wie mir das selbstloseste Wirken für Andere (Moderne
Dichtercharaktere ꝛc. ꝛc.) von eben diesen öffentlich und
geheim mit krassestem Undank gelohnt, wie ein Heer der
gehässigsten und lügenhaftesten — sogar die Ehre an-
greifenden — Klatschereien über mich systematisch aus-
gebreitet wurde, das Persönliche stets bei fast allen
meinen Beurteilern zuerst, dann die Sache kam; doch
ich schließe. „Wer sich zu viel mit dem Schmutz befaßt,
kommt darin um" heißt ein altes Sprüchwort. Ich
habe es satt — nicht mein Vaterland wie Platen! —
aber die literarischen Zustände meines Vaterlandes...
Wohl berechtigt ist die wehmütige Frage „haben wir
überhaupt noch eine Literatur"?! Geschrieben wird wohl
jahraus, jahrein unendlich viel — doch wer anders
kümmert sich zumeist darum, als die lieben „Fachgenossen"
und diese nur, wenn es etwas zu verkleinern, zu ver-
hudeln oder totzuschweigen giebt! —

Dresden, 1. Mai 1890.

Motto:
Könnt' ich endlich
Den Himmel der Liebe finden —
Wie wollt' ich selig sein!

Frei.

Ich hasse jede Fessel, jeden Zwang!
Frei wie der Habicht auf die Taube stößt
Aus blauen Lüften, wie der Lämmergeier
Den zarten Säugling aus den Windeln reißt,
Wie die Lawine sich vom Gletscher eist:
Will ich durch's Leben geh'n, mein eigner Herr
Des Zufalls Sklave, Spiel vom Ungefähr,
Mein eigner König, eigner Unterthan! . . .
Was stumm in Lüften wie ein Fatum droht,
Was Leben zeugt im tausendfachen Tod,
Das sei mein Sporn, mein Genius, Ideal!
Doch jede Fessel zeugt nur Höllenqual
Und brütet Wahnsinn aus, den Spuk der Nacht..

An die Natur.

Wenn alle Sonnen, alle Weltallsfernen
Des Daseins Rätselkern dem Träumer sagen:
Dann über tausend bleichen Dämmersternen
Wird ihm die Sonne der Erlösung tagen!

Dann schwellen tausend keusche Frühlingstriebe
Das Herz; rings lockt die Traumwelt ew'ger Liebe:
Die Sinne tausend Sinnenwelten trinken
Und Moham's goldne Paradiese blinken...

Josephine.

In dir grüß' ich aller Sterne Strahlen,
Aller Sonnen Traum und Lenzesglut;
Deine schönen Augen mir den Himmel malen —
Jeden Wunsch, der dir im Herzen ruht;

Ewig neu möcht' dir die Seele sagen:
Wie lieb deine holde Seel' ihr ist,
Deine Schmerzen, deine Freuden tragen,
Weil nur du mein Glück, mein Hoffen bist!

Liebes-Ode.

Naht auch Verzweiflung uns in bangen Tagen:
Ich laß dich nicht, ich teile dein Geschick —
Dem schönsten Traum die trunknen Herzen schlagen,
Die einmal traf der Liebe Sonnenblick!

Kühn dürfen wir den Kampf des Lebens wagen,
Zum Himmel wird die herbste Erdenpein,
Verstummen wird der Sehnsucht wildes Klagen:
Wir werden siegen, werden glücklich sein!

In tausend Hainen, tausend Blütenhagen
Berauscht uns süßer Duft, holdsel'ge Glut
Und jauchzend fühlen wir: nie wir verzagen,
Wenn Herz an Herz in feur'ger Liebe ruht . . .

Kreuzberg-Denkmal.

Auf kalter Steinbank rast' ich, weltmüd' ich ruh'
Vom Giftschlamm dieses Daseins angeekelt;
Hinschwinden trüb der Eb'ne Dämmerlinien
Und Pappeln scheinen stolze, schlanke Pinien . . .
Müd' rauscht das welke Laub, dukatengelb,
Zu Füßen mir; rings moor'ge Wassertümpel
Tote Springbrunnen, seltsam Kaltgerümpel,
Gespenstig-weißlicher Novemberduft —
Der Großstadt weite, düstre Riesengruft.

Böhner „il Componista."
(Ein Portrait.)

Herb, naiv, karg, ein echter Waldbauer,
Von fränkisch-derbem Sinn, voll wilder Kampflust,
Dabei Alkoholist, Strolch, Durchgänger,
Ein Geist- und Leidgenosse Burgmüllers —
Des Freundes Grabbes, dieses Schnapstitanen —
Warst du vom Scheitel bis zur Sohle
Ein echter Künstler, echter Virtuose
Der Schöpfer ewig-junger Melodien!

Angethan hast du's mir, du tolles Huhn,
Du, der längst ruht dort, wo die Toten ruhn! . . .
Du Musenliebling, nachtverkommner Genius,
Von Mozart, Beethoven die Hand du und der Fuß!
Wie oft hast du bei Sect im lichten Vollmondschein
Des Flügels Hüll' entlockt süße Lichtmelodei'n,
Bachantschen Jubel, holde Seraphssänge,
Fast überirdisch-traumhaft-hehre Klänge,
Indeß die Kerzen seltsam flackerten
Wie arme, schmerzverlor'ne Irrlichtseelen
Und altvätrisch dich von den Wänden grüßten
Bezopfte Medaillons der Reifrockzeit . . .
Vom Himmel kamen diese süße Strahlen,
Zogen dir sanft in's kranke Herz: Die Muse
Gab dir Gedanken, nie vordem gedacht,
Die niemand denken wird, wie du:
Du Dämon, sturmverschollnes Kunstgenie,
Du Menschheitsteufel, knorr'ger Eichenast
Thüring'scher Wälder schönstes Lobgedicht! —

König Ludwig.
(Roi vierge.)

Gralsritter, Parcival, der „reine Thor"
Platenide und Neurastheniker
Ein „jungfräulicher König", eigenliebend
Und stolz, ein grand seigneur der Kunst,
Bauherr von ausschweifender Phantasie
Ein echter Fürst, prachtliebend, eigensinnig,

Spröde für Weiberminne, Alltagstreiben
Dutzendgesichter, doch der Freund von Kainz
Und Reichenbauer, Tells Bewunderer,
Aesthetscher Einsiedler, ein stiller Träumer,
Romantiker, waschechter Wagnerianer:
Ging einsam er inmitten seines Volkes
Und barg sich scheu in tiefstem Hochgebirg
Dem Aug' der Menge: ganz Phantast und Märtrer,
Idealist, ein tatenloser Weichling
Bis ihn die Wirklichkeit mit rauher Hand
In frühen Tod riß... Welt und Wahn ihm schwand...

À la Camäleon.
(Ein Portrait.)

Camäleon, in allen Farben schillernd
Und wechselnd mit dem Odem der Minute:
Pechvogel, Glückskind, Philosoph, Zigeuner,
Ruhmsüchtiger „Stürmer", wie Vischers „Auch Einer"
Ein Kämpfer um's Objekt, ein „Weltenhasser" —
Und doch von allem Schönen, Guten der Erfasser!
Ein Narr, ein Streber zu den gold'nen Höh'n
Des Ruhms, Weiberverführer, Bühnenbummler
Warf er sein Dasein weg oft wie ein Streichholz,
Schien ihm's verbraucht wie Melodie von Hummel
Und Ignaz Veit und Fingeradi, Lanner —
Doch, wenn dann wieder zu ihm kam das Glück:
Schenkte es ihm den schönsten Sonnenblick!...

Giovanna.

(Dauen.)

„Que dieu vous garde, que le bon dieu vous serve":
Gleich einer Heilgen sprach sie diese Worte,
Gleich hehrem Talisman und Segensgruß
Und gab uns ein antikes Amulet,
Ein Erbstück, wert und teuer ihr vor Allem ...
Der Sehnsucht heißer Thränenstrom erstickte
Die weitren Wort' und leise flüsterte
Ihr letztes Lebewohl: „seid glücklich, glücklich!"

Giovanna.

Den bitterschweren Pfad der Pflichtertragung
Ging sie, die Dornenwege der Entsagung
An eines ungeliebten Mannes Seite!
„Femme incomprise" sah sie nur die Kehrseite
Der Welt, nur Leid und Schmerz sie selbst empfing
Und unverstanden durch die Menge ging
Sie stolz und trug ihr einsam Erdenloos:
Wie eine Märt'rin nur durch Leiden groß!
Jetzt sieht sie mich und tritt aus den Coulissen ...
Sie lächelt, zeigt die weißen Marmorzähne,
'Ne Strähne ihres Goldhaars küßt die Wange
Und seltsam blickt ihr Auge tief und lange
In meines ... und verwirrt die tiefsten Sinne ...

Hohnlächelnd tändelt..

Hohnlächelnd tändelt diese üpp'ge Zeit —
Friede und Glück liegen so weit, so weit!
Nur Wollust, Habsucht treibt heut alle
In der Vernichtung ekle Mausefalle...
Wie schön, wenn da im Kreis der Vettern, Basen
Wie güt'ge Fee'n in all' der tiefen Schmach
Weiber — gleich lieblich-holden Glücksoasen —
Liebend wie Engel sich an's Herz uns senken
Und uns Murillos präch'ge Bengel schenken!
Wenn wir dann täglich reifer, tücht'ger werden
Und immer philosoph'scher uns geberden
Wem danken wir's: des Weibes treuem Herzen!
Das Weib nur bannt der Erde Todesschmerzen,
Das Weib nur kann dem Mann Vollendung
        geben:
Weiht es dem Mann sein Herzblut und sein
        Leben!

An eine Verlor'ne.

Deine Hand, die marmorbleiche,
Küß' ich schöne Sünderin,
Auf dein Angesicht, das bleiche,
Hauch' ich all' mein Sehnen hin...

All' mein Leid, das ohnegleiche
Stirbt in holder Traumesglut:
Wenn mein Herz, das schmerzenreiche
Dir am kranken Herzen ruht!

Porträt eines Dichters.

Keck, donjuanest, ein Stück moderner „Faust",
Ein Wahrer schopenhau'rscher Hoheitsrechte,
Ein Kämpfer für des Volks verbriefte Rechte,
Ein Bannerträger alles „Edel-Schönen",
Abgott der Weiber, Liebling der Kamönen:
Glich Felsen er, d'rauf Purpursonnen glüh'n,
Drüber Sturmwolken finster-drohend zieh'n.
Oft schien sein Glück Millionen Meilen fern
Wie dort der magisch-bleiche Abendstern —
Doch seine Seele schwamm im Weltall hin
Der Sehnsucht purpurtrunk'ne Königin . . .

Mit einem Korb Veilchen.
(11. Okt. 90.)

Französ'sche Veilchen, frisch vom Gärtner Stephan,
Duftlos, doch von zartestem Violett
Sanft überhaucht — holdester Reiz dem Auge —
Sie riß der Sturm mir fort mit rauher Hand
Als ich sie jüngst bir bringen wollt' galant . . .
So kam mit leeren Händen ich zu bir!
Beschämung fühlt' ich: du verzeihtest mir!
Du weißt ja, daß mein Lieben wahr und treu
Auch ohne Blumen täglich Dir auf's Neu
Erblüht und meiner Sehnsucht Blütenknospengarten
Dir all' mein Lieben heiß entgegen duftet . . .

Herbsttraum.
(Bauer.)

Die mit den Andern, mit der Menge geh'n,
Nur auf des eig'nen Vorteil's Förd'rung seh'n:
Sie hassest du, mit tiefstem Herzensblut —
Doch wer dem Edlen lebt gilt dir als gut! — — —
Durch dunklen, schmermutsvollen Kirchhofsfrieden
Schritten wir, lauschten stumm dem letzten, müden
Lächeln der Erdenhülle, wenn Natur
In bleichem Traume zieht des Todes Spur;
Zur Seite gingst du mir blaß, lilienschön,
In's holde Antlitz durfte ich dir seh'n:
Durch meine Seele zog ein schöner Traum
Ein Glück, für das die Wirklichkeit nicht Raum
Hat. — Wenn wir morgen neu uns nahn
Sind wir uns fremd, als ob wir nie uns sahn! . . .

Nicht Leopardi . . .

Nicht Leopardi las ich, nicht Heinrich Heine,
Ich las nur des Lebens, des Schicksals Buch!
Ich schleppte des Seins nachtdüsteren Fluch
Und suchte im Koth noch die Sonne, die reine!

So machte ich Verse, so ward ich ein Dichter,
So trotz' ich dem schalen Alltagsgelichter,
Dem Todschweigsystem der bornirten Kritik!
Ich atme, dichte, leb' — voilà tout
Und schleudre den Zorn Euch in's Antlitz zurück
Weil ich niemals der Eure — voilà tout!

Rückkehr.

Berlin: der Weltstadt dunkle Schau,
Wimmelnde Hölle, schwarze Menschenmilben —
Und sie am Arm mir, meine süße Beute,
Mein Talisman, mein Amulet und Fétisch,
Mein Klümpchen Fleisch und meine Liebesgött'n,
Mein Weib, Traumbild, Geliebte mir und Muse!
Plötzlich in wen'ger Stunden wonn'gem Traum
Dies schnelle Glück, so lange heiß erträumt,
Das spröde mir zu nahen stets gesäumt
Und nun das Füllhorn über's Haupt mir schüttet —
Ueber dies Herz von Qual und Wahn zerrüttet!

O welchen Abgrund...

O welchen Abgrund birgt das Menschen-Herz!...
Und doch welch' göttlich Mitleid, welchen Schmerz!
Erhaben in des Welterlösers Herz
Der keusche Puls brennenden Mitleids schlug
So allumfassend, allerbarmend-wundervoll,
So ohne jeden kleinen Ichheitsgroll,
Daß standhaft er den Menschheitsschmerz
Den bitter'n trug bis Golgatha,
Bis in millionenfachen Tod...

Fragment.

Berlin, du Stadt, wo mich die Muſ' zuerſt erlor,
Wo es mich zog zu Walhalls gold'nem Thor,
Doch bisher mit Fragmenten nur gelohnt
Ich hohe Gunſt! . . . Wißt, ſtets mich Melpomene
Lockte mit trunkenem Sirenenlächeln,
Dies' Rätſelweib, deß' herrlich-hehre Schöne
Auch jetzt pocht in des Herzens glühn'dem Drang,
In ſchönen Ahnens holdem Ueberſchwang . . .
Thaliens gold'ne Pforten öffnen ſich,
Amerikas Couliſſenwelten winken
Ueber den Ocean in das Lichtrevier
Der Kunſt, die Welt des holden, bunten Scheins,
Zum Urſprung alles Lebens, alles Seins . . .

Lilienzart . . .

Lilienzart wie der Patti Taint, ſo weich
Wie Farbenton von Carlo Doces heiliger
Cäcilie grüßt der Sammet deiner Haut
Im anmutsprüh'nden Kinderantlitz dir!
Die holden Züge wechſelt die Minute!
Und Luſt und Leid, Glück, Schwermut ſpiegelt treu
Dein ſüß Geſichtchen, angebetet Weib!
Stets treibt's die tiefſte Seele nur zu dir,
Du meine Mondblume und Scharlachſonne,
Mein Frieden, meines Herzens holde Ruh',
Mein Alles und mein Traumnirvana Du!

Du Weib, von dem ich jedes Härchen küsse
Im Geist viel tausend Mal an jedem Tag,
Du Weib, an dem ich keinen Fehler misse
Und dem ich, was ich fühle, schmucklos sag'.

Liebesglück.

Tausend Welten sind nicht so schön, wie diese!
O Weib, an deiner Seite atm' ich Paradiese
An deiner Seite
Werde ich täglich reiner, edler, besser!
An deiner Seite Wahn- und Schmerzvergesser!
An deiner Seite sprossen tausend Lenze!
Ein Blütengarten edeler Gefühle
Umflutet paradiesisch=schön die Seelen,
Ewiger Frühling windet des Glückes Kränze!
An deiner Seite leb' ich tausend Leben,
Seit Dich das Schicksal mir, o Weib, gegeben,
Du holdes Fatum, du mein Talisman,
Mein Himmel und mein höchstes Erdenstreben! . . . .

Glück.

Sanftgebettet in weichen Veilchenduft
An lausch'gem Waldesrand — umrahmt von Busch
Und Feld und holder Haiderosengruft
So weich, so würzig, süß und balsamreich
Wie einer Houri Leib im Himmelreich —

Träumen wir unter sonnumspieltem
Blätterdach in des Frühlings Prunkgemach
Berauscht von all' der Sonnenpracht der Welt,
Von dem tiefblauleuchtendem Himmelszelt,
Schwelgend in einem üpp'gen Freudenmeer
Von Sehnsucht, Liebe, zartem Liebesglück —
Die Liebesgöttin naht, die schöne Freundin —
Und lind mit leisem Kuß labt uns — das Glück!

Tancred und Clorinde.

O Jungfrau, himmlisch-rein erglüht
Dein kinderzartes Antlitz mir!
Dein wonniger Reiz mich hehr umblüht, —
Bebend sink' ich zu Füßen dir!
Nur stumm konnt' ich dir Teure nahn —
Rings grüßt des Frühlings Wunderwelt! —
O stille du der Sehnsucht Wahn
Der zaubrisch mich gefangen hält . . .
Entreiße mich der Hölle Pein,
In holder Liebe Sündenglut —
Laß einmal nur uns selig sein —
Dann mag begraben uns die Flut!
O süß Vergessen irb'scher Not
In blumenduft'gem Waldesthal,
Lind löst in trunk'nem Liebestod
Sich all' die bange Erdenqual . . .

Nachtbild.

Durch die Traumwelt tiefstiller Mitternacht
Nachtschön erglühn in schauerlicher Pracht
Die düst'ren Feuer zweier Lichtkometen
Mit grellem Schweif; wie warnend-droh'nde Finger
Der Gottheit ragen sie vom Firmament,
Dem dunklen, in der Erde Lügennacht!
Rings füllt der Sinne Wahn die Riesenstadt:
So manches Weib herzt jetzt den Lustpousseur
Und pflückt der Liebe Rosen zum Dessert,
Das sich am Laster satt gegessen hat —
Den Leib verkauft, indeß die Seele lang
        gestorben!

Traumschatten.

In frevlem Glückswahn, wild-neron'schem Taumel
Sardanapalisch Welten stampfen möchte
Die Seele oft
Aus eklen Nichtses unfruchtbarem Boden!
Tief taucht der Blick in gold'ne Zauberhimmel,
In ewig-heitre Paradiesesfluren,
Sonnentraum auf des Lichtes wonn'gen Spuren
Trinkt seligstumm das Herz ... und möcht' verbluten!

Der Tod.

Naht auch das Letzte, Schwerste — ohne Zucken
Der Wimpern sieht der Philosoph
Dem Tod in's Aug' . . . . Dem Kusse der Erlösung
Hinbeugend die reine Ideenstirne
Ist er — der Märtyrer der Phantasie —
Glücklich, weil des Nirvanas Traum ihm lieh
Die holde Wahrheit, die die Welt versagte.

Momentbild.

Dixons „Seel'nbräute" — Lanzkys Abendröte
Dies' herrlich-tiefe Pessimistenbuch, —
Shakespeare, Byron, Bleibtreu, Altmeister Goethe
Am knisternden Kamine als Lectüre:
So gut wie frische Muskatellertrauben,
Wie fère bravais, Lakrizen, Wagenschmiere
Zur Blutauffrischung dienend, Herbststaffage! —
Und eine kleine, blonde, droll'ge Mizi
Als Kamerad, als Spielgefährt' und Freund —
Reizende Plauderstunden à la Genlis
Madame de Staël, Chillon, Genfer See —
Der Tannenwälder Nacht, Hochalpenschnee,
Des Südens Reize und des Nordens Weh,
Wirklichkeit halb, halb Phantasiegebilde
Und doch im Herzen gold'ne Friedensmilde
Ein heitres Scherzen, Abglanz schönsten Glücks
Die keusche Wahrheit reinen Liebesblicks:

Ein holder Traum ist's, oft von mir geträumt!
Doch stets zu nah'n hat mir das Glück gesäumt:
Nur leerer Schatten, Wahn war all' mein Thun —
O könnte ich im Schoß der Liebe ruh'n!

Don Parasol.

Des süßen Weines voll, 'n Strandkanone,
'N Tantalus, 'n armer Zeitungsschlucker,
Reporter, Klatschmichel, Neuigkeitsbrucker —
Und doch ein „Kerl", das Herz auf rechtem Flecke,
Abgott der Frau'n und Liebling der Schlaraffen,
Schlaraffias Junker, Ceremonienmeister,
Ein Kneipgenie, wie Burghard einst und Grabbe —
Ein Gentleman, echter Lulucumpan,
So war er, der Genosse mir und Freund
Seit Tagen mir in Dresdas Gassen
Ein wackrer Führer war und Kneip-Berater! . . .
Adelaide hieß das Engelsweib,
Deß' Bild im Herzen trug der gute Junge;
Und zu „heiraten" war er auf dem Sprunge . . .
Doch leider fehlte ihm der schnöde Mammon
Und freudlos oft erschien ihm dann der Himmel!
Dann trank er, soff er, wie ein Loch,
Der edle Don, der brave, prächt'ge Freund
Und sprach in Jamben — suchte zu vergessen!

Portrait.

Schwermutsvoll, fahl, krank an der Leber,
Der Reichen Satyr und der Armen Geber,
Ein Redner voller Schwung, Feuer und Kraft,
Ein Dichter echter Phantasie und Leidenschaft,
Gestalter reinster Kunst, ein Werdender
Und doch ein schon Gewordener, ein Riese
Wenn ihn die Phantasie zum Himmel reißt,
Er Ewigkeitsreime wie Goldwachs schweißt:
So ist der Mann, der als der „Jüngsten" Einer
Ein Meteor glanzvoll aufging am Horizonte —
Und doch unsagbar elend ist wie keiner!

Denkmal.

Den großen Bleibtreu,
Der in finst'rer Menschverachtung
In schopenhaur'scher Weltbetrachtung —
Napoleon'scher Träume voll,
Zur Stadt der gold'nen Gassen schwor,
Dem Königreich des höchsten Ruhms:
Ihn sich mein Herz
Als Herrn und Gott erkor!
Gleich Sealsfield, der sich selbst verbannte,
Sealsfield der Tropendichtung Dante,
Sealsfield der „große Unbekannte"

Der sich in Texas Wälder bannte,
Ein freier „Bürger", freier Mann
In Swizzras Gauen starb
Und bis zum letzten Odemhauch
Einsam um Licht und Freiheit warb . . .
Gefährte oft mir dieser war
Durch Tropennacht und Ungefähr,
Stets leuchtete er mild und hehr
Wundervoll klar,
Auf meines Geistes Hochaltar!
So Bleibtreu dieses Kampfgenie,
Der Künder ew'ger Poesie,
Ein Streiter und Stürmer —
Ein Schrecken
Der feilen, niedrigen Erdenwürmer! . . .
Mit goldenem Stecken
Wird er die Zwerge niederstrecken —
Ein stolzer Held
Der Traumwelt der Idee gesellt —
Wie einst der große Narr Dranmor,
Der ihr sein Denken, Herzblut gab
Und in Brasiliens Urwaldpracht
Sehnend gedachte deutscher Nacht! —
Poeten, hohe Himmelsgeister
„Helden der That" war'n diese drei,
Oft unsrer Aller Herrn und Meister
In ihres Liedes Sehnsuchtsschrei! —

Traum-Bild.

Wie Traumduft liegt's in diesen Augen!
Wollüst'ge Qual!... Es sprüh'n die Flammen
Den Tau der Nacht, fest sie sich saugen,
Ihr Opfer dem Tod zu verdammen!...

Und doch! Wer kann je glücklich werden
In dieses Daseins Rätselpein:
Naht nicht die Liebe ihm auf Erden,
Läßt Liebe ihn nicht selig sein?!...

Deutschland.
(Eine Ode.)

Deutschland, du Blüte der Nationen!
Stolz du zurück jetzt blicken kannst,
Die du von hohlen Hochmutsthronen
Die gallischen Erobrer warfst!
Die du das Edle zu belohnen,
Das Niedere zu hassen weißt —
O möge gold'ner Friede lohnen
Dein Müh'n, wie dich mein Lied jetzt preißt!
In allen Ländern, allen Zonen
Bis an den indschen Ocean
Wo noch die Kannibalen wohnen
Dein Siegen alle Völker sah'n...

Der Freiheit galt dein faustisch Ringen;
Und deine Fürsten liebst du nur
Wenn tapfer sie den Pallasch schwingen
Mit etwas Philosophnatur ...

Drei Unsterbliche.

I.

Shelley, Grillparzer, Hölderlin:
Wortplastiker
Möcht' ich euch nennen!
Unbefleckt von Erdendunst
Wie dort der Venus keuscher Glanz
Am mondesbleichen Horizont ...
Wie ewig-junger Frühling grüßt
Die Nachgebornen euer Sang,
Zittert ein jedes Wort
Im tiefsten Herzen nach
Und weckt die holde Melodie der Seele ...

II.

Wie Sphärenmelodie
Vorüberwogt
An unsern duft- und klangberauschten Sinnen
„Des Lebens Traum" ...
Verscholl'ne, süße Jugendmärchen raunen
Des Meeres und der Liebe Wellen,
Und in dem schönen Feensang „Queen-Mab"

Rüttelt Dein Lichtglanz, teurer Shelley, —
Du erster Märtrer der „Moderne"! —
Dämonisch an dem Thron der Gottheit,
Bis all' der wüste, wilde Graus
Harmonisch klingt in reinster Liebe aus!
Hyperions eble Gedankenwelt
Steigt auf,
Wird holde Wirklichkeit,
Und himmlisch-süßes Mitleid triumphirt,
In selbstlos-reinstem Bruderbund —
Und als Erlöserin naht die Liebe!

III.

Unsterblich ragt —
Kühn trotzend des Jahrhunderts Ansturm! —
Der hehre Marmor eurer Dichtung;
Noch heute
Unaussprechlich-wonnevoll
Beselgen Eure keuschen Rhythmen
Den, der euch keusch genießt
Wie einst
Mit ihrem süßen Zauber:
Ihr stolzen Fürsten des Gedankens,
Ihr Märtyrer der höchsten Freiheit!

Oskar Linke.

Aetherisch-zart, süßwonnig
Ueberhaucht die stolzen,
Prächt'gen Magnolienblüten
Deiner Dichtung
All' die zitternde Glut,
Der feine Duft
Taufrischer, frühlingswarmer Sinnlichkeit
Wie sie die Welt der Wirklichkeit
Nur einmal so
In herrlichster Erfüllung kannte:
Die Zeit des Perikles,
Des schönheitstrunknen,
Holden Griechentums . . .

Drei Poeten.

Den großen Lyriker Dranmor
Sealsfield, der Tropendichtung Dante,
Mein Herz als Lieblinge erkor
Und Bleibtreu, der sich selbst verbannte!

Poeten sind es, vielverkannte:
Der große Lyriker Dranmor,
Sealsfield der Tropendichtung Dante
Und Bleibtreu, dieser „Wahrheitsthor!"

Nimm meine Seele...

Nimm meine Seele hinaus
In die dunkle Nacht,
In Wogengebraus
Und Sternenpracht!

Daß ich bei dir bin,
Bis die Sonne erwacht:
Nimm meine Seele hin
In die dunkle Nacht...

Wenn mein Bild dich umwebt:
Wie süßer Traum,
Das Glück mit dir schwebt
Durch den Weltenraum!

Bis an's äußerste Meer
Und der Wüste Rand
Ist Licht um mich her —
Wenn ich dich nur fand...

Liebessehnsucht.

Wenn deiner Lippen Traumduft
Mich sanft berührt,
Wenn meine kranke Seele
Den Hauch des Himmels spürt,

Wenn du mich selig küßt
Wie nie ich es gewußt,
Wenn du mein holdes Lieb bist —
O süße Himmelslust!
Einst werd' ich dich nur kennen —
Du einzig meine Wahl! —
Nach dir nur süß entbrennen
In heißer Sehnsuchtsqual!
Göttlich werd' ich gesunden
Von allem Erdenschmerz
Im hehren Traum der Stunden
In Küssen Herz an Herz . . .

Lenzjubel.

Wenn jauchzend mit dem ersten Lerchenschlage
Lenzjubel rings die blaue Luft erfüllt,
Und in dem schönsten Blütentraum der Tage
Der Himmel stolz sein Glutpanier enthüllt:
Dann schweigt die Thräne, schweigt die bange Klage!
Die Gottheit neigt sich sanft dem Lenzgefild,
Von langverscholl'ner, holder Liebessage
Erzählt des Hirten Flöte traulich-mild.
Sanft grüßt den Glanz der jungen Morgenröte
Der Berge kaiserliche Purpurglut,
Und dieses Daseins ekle Fiebernöte
Sie schweigen schweigt der Stürme rauhe Wut!

Daß Seele fester sich zur Seele löthe
Lockt laut der Sehnsucht schönes Machtgebot
Und hell ertönt der Spruch des großen Goethe:
Die Liebe ist des Daseins Morgenrot!

Dichters Entzücken.

Ein Hauch, ein Strahl, der Anmut blüh'ndes Bild
Weckt in des Dichters Brust den schönen Sturm.
Stolz grüßt sein Haupt das lichte Sterngefild.
Den milden Gott im kleinsten Erdenwurm.

Das Herz von holden Rhythmen überquillt,
Die Seele nährt glühenden Daseinstraum,
Der Sehnsucht Tau ihr heißes Werben stillt —
Sie grüßt als Königin den Weltenraum.

Der Stunde Gunst in trunk'nem Reiz erglüht,
Aufblüht in Tausend gold'nen Melodien
Darin das Meer, der Sonne Wunder blühn,
Des Himmels süße Märchenwolken ziehn.

Der Bäume Grün, des Himmels Farbenton,
Der Erde blütenweißes Hochzeitskleid,
Die Nachtigall, sie grüßt den schönen Sohn
Des Lichtes, dessen Herzblut Gott geweiht.

Andacht.

I.

Verstohlne Wonnen heimlich-süß
Zaubern ein goldnes Paradies
In jedem Augenblick des Tags . . .
Gestalten seh' ich, lieb, vertraut,
Die um mich schweben, Engeln gleich,
In einem bessren, schönren Reich!
Kein Mißlaut je die Still' durchtönt
Die mit dem Lärm der Welt versöhnt.

II.

Wie überird'sche Traummagie
Hör' ich gedämpft leise Musik
So herzbezwingend, machtvoll, wie
Sie nie sonst dieses Herz gehört . . .
Doch kein Verlangen mich bethört!
Als wär' mir schon die Seligkeit,
Die Allahs Himmel süß verheißt,
Von Traumeshand sanft zugeteilt:
Dem niedern Erdendunst entreißt
Sich froh mein Geist! . . . Im Kuß des Lichts
Stummselig schwelg' ich hin im Blau
Des duftverklärten Frühlingshimmels;
Des Paradieses Garten lockt,
In dessen sattem, frischen Grün

Mich rief'ger Bäume Schatten küssen.
Und in dem blühenden Gezweig
Zwitschert fröhlich ein Vogelpaar
So lieblich-süß wie Mondnachtduft.

III.

Froh lausche ich dem holden Sang!
Der reinen Lüfte würz'gen Trank
Sauge ich tief, tief in die Brust —
Tief bade ich im Meer der Luft! . . .
Aus dieser Welt des Leids verbannt
Träum' ich in Edens Wunderland!
Nur strahlende Gesichter seh'
Ich um mich her! . . . Ein Jeder scheint,
Vom Alp der Zeitlichkeit befreit,
Am Abend seines Leids zu stehn,
Wo keine Thrän' das Aug mehr weint . . .
In selig-lichten Himmelshöh'n
Die Sterne der Erlösung keusch
Durch Paradiesesdüfte weh'n,
Und aller Wonnen Inbegriff
Aufglüht in warmer, linder Glut
In sonn'gem Strahl im Reich des Lichts . . .
Todt sind die Schrecken des Gerichts!
Des Lebens düstre Narrenspossen —
Hier kennt sie Niemand, Niemand mehr! . . .
Freiheit der Gott, dem Jeder dient!

Freiheit und Liebe stützen fest
Den Bau der Welt! ... Verschwunden ist
Die ew'ge Zwietracht, all' die Pein —
Auch in dem ärmsten Menschensein!

Martin Luther.

Der Wahrheit größter Kämpfer war einst Luther!
Er brach der Pfaffen finstres Kettenjoch
Und gab der Kirche die verlor'ne Mutter —
Und blieb wie Cromwell stolz bescheiden doch!

Als hätt' aus tückisch-dunklem Höllenpfuhle
Satan gestürzt sich in der Menschheit Strom:
So donnerte von Petri heil'gem Stuhle
Der Papst im stolzen Vatican zu Rom ...

Wer zählt die Opfer, die im Blutgerichte
Dem heil'gen Schrecken grausam mußten sterben?
Aus dumpfen Kerkern sah'n sie nie zum Lichte —
Wie wilde Tiere traf sie das Verderben!

Da kam der Mönch — der Wahrheit Flammenrächer —
Und wie die Lenzsonn' königlich erglänzt —
So schwang er der Vernichtung Purpurbecher,
Vom heil'gen Strahl der Wahrheit lichtumkränzt ...

Er stand, ein Fels — und Rom brach morsch zusammen!
Ein echter Held, vom Joch der Selbstsucht frei;
Und wenn ihn Tausende ewig verdammen:
Der Gott der Liebe lebet ewig neu!

Trost des Edlen.

(Nach Matthisson.)

Wild lodert, wie des Aetna Glut,
Der Todesgötter Zorn.
Zerschmettert sinkt in Nacht und Blut
Des Ueberflusses Horn.

Verwüstung donnert nun die Schlacht
Wo jüngst vom Lustgesang,
Vom freudigen Gewühl der Jagd
Gebirg und Forst erklang!

Ein Chaos von Ruinen türmt
Sich längs der Felsenwand,
Wo still von Nußbaumhain umschirmt
Der Väter Wohnung stand.

Wem Selbstgefühl den Busen schwellt
Der wird ein Halbgott sein,
Der trägt im Innern eine Welt,
Wo nimmer Stürme dräun . . .

Ihm flammt des Edlen Göttermut
Und kein Verhängnis raubt
Den Gottsinn, der stolz in ihm ruht,
Mit Lorbeer krönt sein Haupt.

Er weiß, daß jeder Menschenwahn
Durch irre Nacht hier führt,
Doch herrlich sich am Ziel der Bahn
Im Frühlingsduft verliert.

Nie wird im weiten Schöpfungsraum
Er ein Verlaßner stehn,
Und dieses Daseins öder Traum
Wird lächelnd ihn umweh'n:

Selbst wenn des Grabes Abgrundbrand
Ihm ew'ge Nacht erschließt
Und ihm des Mietlings kalte Hand
Sein brennend Auge schließt.

Hoffnung der Menschheit.

Einst, wie der Sonne Strahlen schweben
Purpurn aus dunklem Todesschoß,
Wird sich der Menschheit Adel heben
Zu Sternenzelten riesengroß.

Geläutert wird empor dann flüchten
Zur Gottheit alle Erdenqual,
Die sonst in schmerzlichem Verzichten
Sich stumm zur düstren Tiefe stahl.

Dann töten tausend Frühlingssäfte
Des Dämons Wut im reinen Licht,
Und in dem wilden Spiel der Kräfte
Als Sieger tront die ernste Pflicht.

Aus all' den hohlen Lugsystemen
Blüht höchste Wahrheit unverletzt,
Und all' die Thränen dann, sie strömen
Dem heilgen Traum des Friedens jetzt.

Die Adern schwillt ein göttlich Sehnen!
Die goldne Flut der Ewigkeit
Schäumt aus dem Meer der Erdenthränen
Zum Thale der Vollkommenheit!...

Und all' die Weisen, Helden, Dichter:
In ihres Busens Hochgefühl
Adeln sie nun als höchste Richter
Die Wahrheit durch der Künste Spiel.

O süßes Ahnen, leises Wehen,
Himmlische Blüte des Gefühls,
Die Gottheit steigt aus lichten Höhen
Müde des grausen Trauerspiels.

Und über dunkle Gräberhügel
Strebt siegreich schimmernd hoch empor
Phaetons goldner Sonnenflügel
Aus buntphantastischem Wolkenthor.

Und auf der Freiheit Altar glühet
Der Dichtung mildes Purpurlicht,
Und wer die Flamme steigen siehet
Erbebt vor ihrem Lodern nicht . . .

In linden Wogen rauscht der Flieder:
Wo alle Völker auf den Knie'n
— Der ganze Tempel leuchtet wieder —
In heil'ger Bruderliebe glüh'n.

Dort führt in ihrer Königsrechte
Vernunft den goldnen Herrscherstab,
Dort schwinden alle Wahnsinnsmächte
Und alle Fesseln löst das Grab.

Wie Harmonien im schönsten Liede
Lebt hier ein Eden stolz und schlicht,
Deß' milder Paradiesesfriede
Erglänzt im Königsschild der Pflicht. —

Kreuzgang.

Trost streut der sanfte Venusstern
Der Erde mild herab;
Ob dort in ew'ger Dämmerfern
Wohl winkt der Schmerzen Grab?

Empor durch Nachtgefilde drang
Ich auf des Eises Spur
In martervollem Pilgergang
In die Gebirgsnatur.

Hier, wo kein wildes Echo hallt,
Kein Frühling Balsam haucht,
Wo nur der Klüfte Nebel wallt,
Die Sonn' in Nacht sich taucht,
Hier sei mein tiefer Gram gesenkt
In's Sterben der Natur:
Wie toter Liebe man gedenkt
Auf öder Wüstenspur.

Ihr wißt es nicht...

Ihr wißt es nicht, was ich getragen!
Getragen um ein kaltes Weib
Das Wunden, Wunden mir geschlagen,
Daß ich dem Todabgrund zutreib'.

Schon griff ich nach dem Paradiese
Und leuchten sah ich ew'ges Licht —
Da winkt die Asphodeloswiese
Zum schmerzlich-töblichen Verzicht...

In traumlos-tiefem Schlaf.

In traumlos-tiefem Schlaf vergessen
Möcht' ich, wie schwer ich hab gefehlt
An dir, für die mich Lieb' beseelt,
Die ewig ich ans Herz möcht pressen!

Dann würd' Dir treue Liebe klagen
Wie schwer um dich ich, Teure, trug!
Wie schwer des Schicksals Hand mich schlug —
So schwer — kein Wort kann je es sagen! . . . .

Alle Wonnen der Welt
Sind wogende Nebel nur
Von der Sonne der Liebe erhellt!
Karl Ludwig.

Perdita.

Zum letzten Mal dir nahen
Du Weib, um das ich weine
Laß mich! dein Knie umfahen,
Du Göttin, hehre, reine!

Hab' ich im Wahn gefehlet:
Hab ich gebüßt, gelitten,
Durch bittres Leid gestählet
Endlich den Sieg erstritten!

Laß heißblutender Thränen
Flut dir mein Weh' gesteh'n:
Der Seele heißes Sehnen
Der Seele heißes Fleh'n.

Für ewig wird dann schweigen
Das übervolle Herz,
Kein Wort mein Sehnen zeigen
Den abgrundtiefen Schmerz!

Fern, fern werde ich büßen
An einsam-fremdem Ort,
Nur still dich, Teure, grüßen
Dein Bildnis fort und fort.

Wunsch.
(1886.)

Die Sonn' will mir ins Zimmer seh'n,
Des Frührots Pracht —
Ich möchte stumm hinübergeh'n
In ew'ge Nacht . . .

Zu viel des Leid's ist mir geschehn!
Grausam erwacht:
Kann ich die Welt nicht mehr versteh'n,
Die lenzschön lacht . . .

Widmung.
(Hainholz.)

Weib, hätt'st du je erkannt
Was ich dir zitternd hehle,
Was ewig von dir bannt
Die müde, kranke Seele,
O ahntest du mein Leid,
Das düstre, namenlose —
Du stürbest, totgeweiht,
Mit mir, Du bleiche Rose! . . .

Görlitz.
(Mittwoch, den 4. Juli 1884. Aufgefunden Dezember 90.)

Nur Eines möcht' ich vor dem Sterben wissen:
Ob es für dich denn irdischen Trost noch giebt
Wenn mich die Hand des Todes fortgerissen,
Der ich so wahr wie Niemand dich geliebt?!

Ich glaub' es nicht! Jäh wird in heißen Thränen
Hinsterben deiner Seele Blütenmai,
Zum ewigen Schoß wirst du zurück dich sehnen
Wie ich — bis jede Qual vorbei, vorbei!

Das ist...

Das ist ein Rennen, Jagen, Tag für Tag
Nach einem höchsten Ziel am Sternenhimmel.
Doch ob die Stunde rinnt zur Ewigkeit:
Die Seele taucht nur in ein Meer von Leid;
Und wahre Lustbefriedigung, holdes Glück
Es bleibt ihr fern, wie Duft der Abendröte,
Der langsam kehrt zum Traum der Nacht zurück...

Umsonst.

Der Dichtung Meteore stammen
Aus unerforschter Rätselnacht,
Hell leuchten diese bleichen Flammen,
Die jäh versinken in die Nacht;

Wer wagt zu richten, zu verdammen,
Wenn kühn ein Genius erwacht:
Bricht jäh der stolze Bau zusammen
Und war umsonst die blüh'nde Pracht?

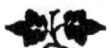

An B.

"Person" und "Sache" — diese beiden!
Trennt sie heut noch — der Literat?
Unendlich muß der Ärmste leiden,
Der echten Drang zur Muse hat!

Und darf er auch sein Herzblut schreiben
Auf Blätter, die kein Gott zerstört,
Ihr Wild die feilen Knechte treiben,
Bis ew'ger Nacht es angehört.

Strophen.
(An D.)

"Weshalb grab' ich, warum mir das Martyrum?!"
So frägt hier mancher eble Dichtergeist
Deß' End' ein düsteres Höllen-Delirium
Der Wahnsinn, Tod als einz'ge Retter preist . . .
Denn, wer in dieser Welt, so stumpf und blöde,
Die Flamme heil'ger Kunstschönheit entfacht,
In dieses Daseins ekler Wüstenöde
In diesem trüben Gaukelspiel der Nacht:
Ob auch aus Finsternis und Schmerz nur rangen,
Die größten Geister sich zum goldnen Licht

Die Besten sind elend zu Grund' gegangen,
Ihr Sein war schmerzlich-düsterer Verzicht!
Denn all' die Künstler, die das Höchste wollten,
Die zu den Sternen griffen hoffnungskühn,
Zuletzt — welteinsam dem Geschick sie grollten:
Kein Lorbeer prangt hier unverwelklich-grün! . . .
Nachtdüstrer Fluch traf ihre reine Stirne,
Das Brandmal ew'ger Schmach und Höllenqual!
Und wie jedem den Leib preisgiebt die Dirne:
So trägt der Dichter hier sein Kainsmal . . .
Denn ob sie höhnen, spotten, grübeln, gaffen,
Und greifen nach der Sterne Glanz und Duft:
Des Künstlers Seligkeit, sein Götterschaffen
Ein ewges Rätsel bleibt es, nie gewußt!

Rococco-Wahnsinn der Cäsaren.

Motti:

Auf Indiens Marmorcapitälen
Im Schatten heil'ger Mangobäume
Die schönsten Leiber Asiens schwelen!

Aus dem Epos: Der große Camerlan ...

O Größenwahn, du schnöde Geißel,
Du Gotttyrann der hünd'schen Menschheit!...

Karl Ludwig.

Prinzessin, 's ist ein verteufelt schöner Gedanke,
Zwischen den Beinen eines Mädchens zu liegen!

Hamlet zu Ophelia während des Schauspiels im Schauspiel!

Königin: — Du weißt, es ist gemein! — —
Hamlet: Ja, gnäd'ge Frau, es ist gemein!

Shakespeare.

Neros „Lebende Fackeln."

Nero — fröhnend jeder Wahnsinnslaune —
Weckte Romas Königlichen Brand!
Und die Lohe züngelte, die braune,
Bis das goldne Schloß in Flammen stand;
Daß der weite Erdkreis zitternd staune
Ob der fürchterlichen Märchenpracht —
Laut die neue Mär' ins Ohr sich raune
Toll, wie toller Höllenlug der Nacht! . . .

Seht! Jetzt peitscht man flieh'nde Christenweiber
In der Flammen Götterschauspiel hin:
Hell lodern die marmorschönen Leiber
Cäsar's Augenweide, Lustgewinn!
Bis die letzte Säule matt verglühte
Nero träumend stand im Flammenkreis,
Als der Morgen über Rom erglühte,
Trug im Haar er stolz ein Lorbeer-Reis.

Und er sprach wie Bagdads Sonnen
In dem Wonnespiele einer Nacht
Im Purpur des Bluts hinabgeronnen,
In den Euphrat, blumenüberdacht:
Also ich der Erste der Cäsaren
Nach dem Gaukelspiele dieser Nacht
Send' ich schnell euch meine Künstlerschaaren —
Neu erstehe Rom in goldner Pracht!

Der Tyrann.
Eine Laune des Hero.

Laßt! wer will der schönen Laune wehren?
Lydia nahe mir mit Myrr'n im Haar!
Und der Venus holden Priesterlehren
Will ich opfern auf der Lust Altar!
Heißschäumender Leidenschaft Begehren
Stillt kein staubgesunkener Barbar,
Und kein Sieg von tausend Inderheeren —
Nur der Schönheit Blütenwangenpaar!
Laßt die Sclavin mir den Becher bringen,
Von des Goldhaars Zephirduft umkost
Darf ich wild den weißen Leib umschlingen
Der in Wonne sanft mir zugelost;
Wenn ich trunken ihr in's Herz gesehen
Küßt berauschend mich ihr Glutenblick,
Lechzend naht mir Wollust, fieberschön,
All' mein Dasein: Paradieses-Glück . . .
Jene Rosenhügel mir gehören,
Die die Schaumgebor'ne selbst einst trug,
Zu der Lippe Ambra darf ich schwören,
Lust schlürfen in jedem Odemzug.
An nachtüpp'gem Reiz mich stumm bethören,
Immer neu in süßem Sinnenlug,
Bis ich matt zurück aufs Lager sinke
Und die Wonnen der Erfüllung trinke.
Linde Veilchendüfte träumrisch ziehen,
Leiser Frühling duftet durch's Gemach,
Sanfte, stille Hirtenmelodien

Hallen wieder Wand und Rosenbach.
Und die Wolken der Erschlaffung fliehen,
Und die Seele zittert wonnig nach:
Stirbt in letztem, müdem Sonnenglühen
Liebestrunkener Nachtigallenschlag ...
Zitternd finden Arme sich und Lippen —
Grau herauf dämmert der junge Tag —
Letzte, sel'ge Küsse noch zu nippen ...
Und die Sonn' glüht im Olivenhag'!
An dem blutigroten Opfersteine
Harrt des schönen Opfers traurig schon
Dort der Priester in dem heil'gen Haine,
An der Gottheit kaltem Flammenthron!

Rococco-Revolution!

Rococco, du Zeit der Schäferspiele,
Wo Natur zierlich auf Stelzen ging
Und die Blüte höchster Erdgefühle
An dem Lächeln des Tyrannen hing!

Wälscher Ton und welsche Lügensitte,
Wurde „teutscher" Höfe „Herrlichkeit"
Und der Fürst in seines Serails Mitte
Schwamm in einem Meer von Lüsternheit.

Doch den Bürger und den armen Bauer
Traf der gnädigst-allerhöchste Zorn,
Und die Schatten schmerzlich-düstrer Trauer
Waren seines Daseins blut'ger Sporn ...

Jene aber schwelgten ohne Ende! . . .
Uepp'ger Leichtsinn thronte frech im Land;
Der Maitresse goldbereifte Hände
Zerrten an der Freiheit Purpurband!

Faulheit schlief in seidnem Lotterbette,
Manches lauschigsüße Rendez-Vous
In des Parks verschwiegenem Bosquette
Heischte „freier Liebe" Billet-doux;

An der Sehnsucht schönstem Freudenziele
Sah sich mancher hochbeglückte Fant,
Ach, maîtres plaisires gab's nur zu viele —
Doch im Volk wuchs der Empörung Brand!

Dumpf erdröhnte dort das Wettergrollen
Der französischen Revolution,
Aus dem Carneval der Lust, dem tollen,
Riß das Volk die Fürsten von dem Thron . . .

Nicht mehr feurig-steife Menuetten,
Carmagnolen forderte der Tag;
Statt verliebter Schäferpirouetten
Eisern donnerte Kanonenschlag.

Nicht bekam mehr die „Canaille" Tritte,
Sie, sie war's, die jetzt Gesetze gab;
Statt der Hetzjagden, Parforce-Ritte:
Fuhr die Guillotine jetzt im Trab.

Nicht die Wollust venetianischer Nächte —
Doch der Freiheit Morgenröte schlug,
Jedes Herz in diesem Sturmgeschlechte
Stolz den Brudertraum im Busen trug.

Und der Liebe weiße Banner wehten,
Millionen schrien zum Welten-Himmelszelt:
Laßt uns kühn der Freiheit Mörder töten —
Unser ist das Glück der ganzen Welt! — —

Tiberius.
(Fragmente aus einem Cyklus.)
I.
Traumhaft Wolken aufwärts schweben,
Zitternd Weltalls-Pulse beben.
Dort im Licht gotttrunkne Seelen
Sich dem ew'gen Schoß vermählen.

II.
Wohin der Tod sein Siegel drückt,
Da flieht des Lebens sonn'ger Glanz,
Und schwärzeste Melancholie
Flicht stumm den dunklen Thränenkranz.

Wer heiß geworben um die Lust,
Die flüchtig diese Erde beut:
Dem schweigt das Herz müd' in der Brust,
Als ob sein Frevel ihn gereut . . .

III.

Heute Nero, Herr der Legionen,
Herr des Erdballs, Herr der ganzen Welt —
Morgen wird selbst nicht Dein Leben schonen
Der Gladiator, der im Circus fällt! . . .

Wellen kommen, Wellen flüchtig gehen;
Da, wo heut ein stolz Geschlecht gehaust:
Morgen der Vernichtung Fahnen wehen
Und der Tod als bleicher Herrscher haust!

IV.

Alle, die im Wahnsinn der Caesaren
Ihrer Selbstsucht wilde Launenwelt
Wirklich machten mit erkauften Schaaren —
Sonnen sind's, die ew'ger Nacht gesellt!

V.

Die da mordeten, im Blute schwammen,
Wie Thogalek, Borgia und Iwan:
Laut und furchtbar heute noch verdammen
Tote Opfer ihrer Mörder Wahn! . . .

VI.

Heut noch wimmern schaurig-wilde Flüche
Wenn des Windes leise Klage geht
Ueber Sümpfe, über Schieferbrüche:
Irrlichttanz, der im Nebel verweht . . .

Heut noch ballen sich die blut'gen Hände!
Die zerstückten Glieder schrei'n zu Gott!
Um ein schauriges Tyrannenende
Wirbt der Unterdrückten grauser Spott!

So gepeitscht von Furien der Hölle
Floh Tiberius einst ins Inselreich —
Und der Brandung donnerndes Gefälle
Scheuchte nicht die Schatten riesenbleich . . .

VII.

Gelle Stimmen fuhren schneidend-bitter
Wie ein Messer ihm ins kranke Herz,
Bald wie zornig-grollend Ungewitter:
Wälzt ein Weib sich wild im Todesschmerz;

Wilder stürmten all' die Wehgestalten,
Die ihn wochen-mondelang geplagt
Auf ihn, und er folgte den Gewalten —
Schlaff war jeder Zug und leibverzagt . . .

Bleichen Geifer an dem müden Munde,
Auf dem Antlitz Blut und wüster Schaum,
Harrte er der fürchterlichen Stunde,
Bis geendet seines Lebens Traum ...

VIII.

Bleich in acherontscher Qualenweiber
Schooß der kranke Cäsar starb,
Und im Kampf der heißen Schmerzenleiber
Um ein trotzig-düstres End' er warb!

IX.

Psalmensingend naht die Christenrotte
Die Numidiens Löwen widerstand,
Standhaft rief dem bleichen Christengotte,
Bis ihr Blut gefärbt den Circussand!

Lächelnd steht auf gold'ner Fechterbühne —
Wie die Venus selber todesschön —
Jene stolze Griechin Lais-Phyne,
Ihre Locken hell im Winde weh'n. ...

Und sie sieht die stolzen Gladiatoren,
Die des Kaisers hohe Gunst geschmückt —
Wie ihr Leben stirbt in Nacht verloren
Für den „Herrn der Welt", den sie beglückt ...

X.

Kriechend naht die Schaar der Satelliten,
Der Satrapen und Trabanten Heer,
Die als Sclaven Jedem sich vermieten,
Dessen Beutel echt und goldesschwer.
All' die Füßeküsser, Speichellecker,
Die an jedem Throne heuchelnd steh'n
Und — des allerhöchsten Will'ns Vollstrecker —
Straflos aus dem Bad der Lüge gehn!
Heute huld'gen sie dem Weltenkaiser,
Morgen stürzen sie ihn jäh vom Thron —
Welken Lorbeer flechten dürre Reiser
Um den staubgesunk'nen Erdensohn.

XI.

Ew'ges Brandmal in der Weltgeschichte
Neben Helden steht der Herostrat —
Und in schaurig-fahlem Dämmerlichte
Glänzt der Selbstsucht wilde Höllensaat! — —

Epilogiana I.

Motti:

Wie junge Weiber geh'n mit nacktem Arm:
Entblößt das warme Herz dem kalten Schwarm
Der Dichter.
Ibsen.

Chassez le naturel, il revient au galop.
La Fontaine.

Tous les genres sont bons hors le genre ennuyeux.
Voltaire.

Trutzlied.

Schmachvoll erniedrigt von jeher die deutsche Kunst,
Elend am Boden vegetirt,
Kommandowort und Geldsack, Bier und Pulverdunst
Die stumpfen Massen blind regiert.
Wem blüht der Menge Gunst? Der süße Segensstrahl
Der Anerkennung nimmer schmückt
Poeten, all' die stolzen Sänger düstrer Qual —
Und müd' der Genius zum Himmel blickt . . .

Manch' Künstlerherz in bittrer Qual, fressendem Neid
Zum fremden, bösen Nachbar kampfmüd' flieht,
Aus all' dem dummen, wüstekken Philisterstreit,
Von neuer Sonnen Glanz und Duft umsprüht . . .
O deutscher Michel, deutsches Volk, du Volk
                                                        von Drohnen,
O töte deine Sänger, Künstler nicht,
Germania, ew'ger Nachruhm wird dich Stolze
                                            lohnen —
Thu' endlich einmal deine heil'ge Pflicht!

Der Mondschein träuft.
(Eger Café Pistorius, Mai 1889.)

Der Mondschein träuft von tausend grauen Zinnen —
Leis' stirbt die Nacht in fahlem, blauem Duft —
Ein Meer von flüss'gem Silber seh ich rinnen
Um Berg und Thal und durch der Wälder Gruft.

Und tiefe Wehmut ob dem Eintagslose,
Dem flüchtig alles Erdensein geweiht,
Ergreift mich: wie dem Blütenkelch der Rose
Vergänglichkeit den süßen Odem leiht ....

Tiefeinsam schreit' fürbaß ich durch die Gassen!
Seltsam wie meine Stimmung pocht mein Schritt —
Schon oft war mir, als müßt' ich selbst mich hassen,
Wenn ich so furchtbar kämpfte, furchtbar litt ...

Schnell welkt der Wahnsinn göttlicher Gefühle,
Mit dem der Jüngling in die Welt sich wagt!
Was sind der Kindheit süße Freudenspiele?!
Ein Traum, der mit der Sonne jauchzt und klagt!

Heut' zähl' ich zu der Schar der Lichtverbannten,
Heut' bin ein Dämon ich aus Kains Geschlecht,
Heut' zähl' ich zu den irrenden Trabanten,
Die nimmer retten kothgetretenes Recht.

Jäh zog es mich zum Hause wilder Freude,
Vergessen wollt' ich, was zur Höll' mich zog:
Komm, Weib, daß ich die Seelenkraft vergeude,
Den Ruhm, den diese schnöde Welt mir log.

Was bin ich? Nur ein ruheloser Schatten!
Ich schreite durch des Daseins Schmerzen her,
Um ewiger Vernichtung mich zu gatten —
Das Haupt in Wolken, wie einst Ahasver! — —

Die Zeit.
(26. Oktober 1890.)

In dem Riesenkampf der Geister dieser Zeit
Tausend bleiche Sterne dämmernd blinken,
Tausend Purpursonnen leuchtend winken —
Als Erlöserin naht die Gerechtigkeit.

Daß der Genius unsre Stirnen weiht,
Andachtsvoll wir in die Kniee sinken:
In des neuen Tages goldne Zinken
Bebend wogt der Duft der Ewigkeit.

Gedicht.
(Sylvester 90.)

Ein halbverdorrter Baum
Steh' ich im Lebenswind —
Rings tiefer Wintertraum;
So elend taub und blind,
Grausam, jäh, ohne Halt,
Treibt mich ein Dämon fort
Mit finsterer Gewalt
Zum dunklen Totenort . . .
Die Zukunft liegt in Nacht
Vor meinem Angesicht —
Wo holder Frühling lacht,
Ich fühl' es, weiß es nicht! — —

Königin Poesie.

Das Höchste läßt sich nur im Worte sagen!
Im Ton schwelgt wohl der Sinne Harmonie —
Doch wird das Herz zum Himmel nur getragen:
Lauscht es dem Zauberruf der Poesie.

Poeten nur ist es vergönnt zu rühren
Die Seelen also, daß sie willenlos
Sich aus der Erde Thälern lassen führen,
Bis zu der Gottheit holdem Flammenschooß . . .

Wie schön! in hohen Bildern zu vergöttern
Das Ewige, das Schöne dieser Welt —
So streift uns Duft von flüchtigen Rosenblättern,
Die sanft ein süßer Sonnenglanz umhellt.

Epilogiana II.

Motti:

Ja! seit der ersten Sonnenuhr
Hat stets der Mensch ein Gott zu sein begehrt!
Reinhold Lenz.

Nicht mehr fehlen die Thaten, die großen,
Der Sänger doch mangelt,
Der die Geburt der Zeit
Machet unsterblich durch's Lied!
König Ludwig von Bayern. Auf unsre Tage (1829).

Sie lachen, wenn der Hölle Qualdämonen
Dem Künstlerherzen Nacht und Tod vertrau'n!
„Großstadtbrodem". (Schabelitz.)

Totus mundus agit histrionem!
(Inschrift der Weltkugel des Globe-Theaters in London 1608.)

Portrait.

Halb Kind, halb Dämon taumelst du
Durch dieses Leben ohne Ruh'
Und ohne Licht und Liebe hin;
Verachtung, schlimmer wie der Tod,
Traf dich — in deiner Seelennot
Fielst du der Schande zum Gewinn! ...

Zuruf.

Laß fließen deine Thräne!
Blick nicht so hoffnungslos
Du blasse Magdalene!
Die Rose aus dem Moos
Hebt neu zum Licht ihr Haupt
Die Königin der Au:
Wenn ihr der Sturm geraubt
Des Himmels Demantthau ...

Talisman.

Wie der Magnet zum Pole winkt:
Ein Stern an meinem Himmel blinkt
Deß' mildes wunderbares Licht
Stets neu zur trunknen Seele spricht!
Süßschimmernder herniedersieht —
Die Sehnsucht schweigt.... die Thräne flieht!....

Abendstimmung.

Schlanke Ulmen geben Schatten,
Spenden holde Wanderruh,
Aus dem Thal, dem sonnensatten,
Neigt sich Friede sanft uns zu;

Aus der Höhen reinem Lichte,
Aus des Äther's gold'nem Duft
Klingt's wie Himmelsgruß: "Verzichte,
Wenn der Lärm der Welt dich ruft!"

Wie Traum...

Wie Traum hier höchste Seeligkeit
Hinstirbt, wie Duft von Sonnengluten
Die in das große All hinfluten!...
Denn schon nach wenig kurzen Jahren

Dünkt uns ein Rausch, der nie gewesen,
Was wir an Weibesbrust erfahren
An süßen Freuden ohne Ende
Durch eines Weibes Götterspende!

Zuruf an sich selbst.

Schleppst du selber
Unendliche Qual,
Unendlicher Schmerzen Zahl:
Trage mit Würde
Die düstere Bürde
Die dir Natur
In die Wiege gab —
Deines Glückes Grab!
Nimm dich freundlich
Der Verlassenen an!
Lindre der Armen
Und Elenden Not,
Gieb ihnen Brot,
Speise sie, tränke sie,
Und sei glücklich
Wenn du die Anderen
Glücklich siehst.

Des Poeten Traum.

(Ein Impromptu.)

Er fühlt ein Meer, ein Wonnemeer
Durch seine Adern dringen:
Des Schmerzes Dolch trifft ihn nicht mehr —
Er darf zum Licht sich schwingen!
Fort trägt ihn Kön'gin Phantasie
Des Genius Götterflüstern,
Das hier so oft ihm Frieden lieh
Zu einem Park von Rüstern ...
Dort grüßt ein Schloß, ein schimmernd Schloß
Aus dichten Fichtenwäldern,
Hundegebell und Dienertroß —
Wie Traum liegt's auf den Feldern!
Und drinn im gold'nen Marmorsaal
Da winkt die schönste Fraue
Und nennt ihn Fürst, nennt ihn Gemahl —
Es strahlt ihr Aug', das blaue ...
Gar lieblich summt es wie Gesang,
Die Seele schwelgt in Träumen
Umkost von weißem Armgerank
Tief unter Südens Bäumen ...

Vanitas humana.

Wer heute den Becher der Wollust trinkt:
Morgen packt ihn schon das Verderben!
Unerbittlich der Tod die Sense schwingt —
Und das Glück, das Glück springt in Scherben!..

Wie ein Traum stirbt die höchste Seligkeit
In des Lebens Kämpfen, den herben!
Jähem Untergang sind wir Alle geweiht —
Ohne Hoffnung müssen wir sterben . . .

Fragment.
(Grupello spricht).

Komm' Weltenkaiser, König aller Könige,
Du stolzer Herrscher, stolzer Menschtyrann:
Tod! reich' mir des Vergessens dunkle Schaale!
Streck' aus die fahle, bleiche Knochenhand,
Daß aller Sonnen Glanz auch mir erstrahle!
Steig' auf, du zauberisches Fabelland,
Steig' auf, du Feentraum von Samarkand!
Du wundervolles Dichterparadies:
Wo jede Blüte leise haucht „Genieß",
Du gold'ne Glücksinsel der Seligen
Tauch' leise auf aus blauem Weltmeerschooß!
Des Lebens tosender Gigantenkampf

Stirbt wehersüllt, ein purpurn Todesmeer...
Fernhin rauscht stumm — wie holdes Ungefähr —
Der Erdgebornen furchtbar Qualenloos
Und drüber strahlt — wie Südens bleicher Stern —
Des Glückes goldnes Aeronauten-Vlies,
Das trüg'risch einst gelockt in Nacht und Tod...
Wonnen erblüh'n hier, Wonnen ohne Ende!
An ewigheitrem, sanftem Himmelsort
Grüßet der Pilgrim fromm, begierdelos
Urew'ges Licht, urew'ges Morgenrot....
Er schaut der Götter goldnes Freudenhaus!
Still, unter Palmen, winkt ein sel'ger Hort
Des Friedens hier dem kranken Erdesohn —
Süß ruht er nach des Lebens rauhem Sturm!

Jeunesse dorée.
(1890).

So ein moderner Heide, Garnichtsthuer,
Hat er's nicht schön und herrlich eingerichtet,
Wenn er dem Herrgott seine Tage stiehlt?
Sich matt hineckelt zwischen Austernkellern,
Chaiselongue, Tanzsälen, chambre séparée?
Wie „vornehm" schlägt er seine Stunden tot
Mit Nichtsthun, Phrasen, mit Romanlektüre!
Und kommt ihm einmal ein Gedanke,
Zufällig, der halbwegs vernünftig ist:
Schnell weist er ihn dann schnöde fort!
Denn nur Genuß und Langeweile,

Genuß in jeder Form gilt als „Metier"!
Das würdig eines gelbgebor'nen Fants ...
Ein echter Gigerl, echter Boulvardier
Thut nichts! Arbeiten mag der Pöbel!
So abgestumpft sinkt siech er früh ins Grab:
Ein gähnend Nichts — ein echter Gentleman! —

Afrikanisches Bild.

Gärten, wilde, niederhangen,
Von dem schroffen Felsenkamm,
„Schwarzweißrote" Negerrangen
Spielen an dem Hafendamm;
Italienische Himmel blauen
Ueber trop'scher Farbenwelt,
Welch' ein Schwelgen, göttlich Schauen —
Zelt reiht sich an Negerzelt:
Also seltsam, wie die Farren
In der Bambushütten Rund —
Und auf plumpen Ochsenkarren
Geht es zum Präriengrund ...
Düstre Berge, blaue Meere
Tropenfülle, Palmenpracht
Zeugte hier Natur, die hehre,
Aus dem Schooße ew'ger Nacht ...
Albion's „Bruderfahnen" wehen,
Friedlich wallet „Deutschlands" Tuch
Auf des Kilmandscharo Höhen —
An der deutschen Schiffe Bug!

Des Victoria Nyanza Fluten
Kräuselt deutscher Ruderschlag,
Bis in afrikan'schen Gluten
Müd' sich neigt der lange Tag . . .

Moderne Logik.

I.

Weiber sind just wie Pasteten!
Freund, du hast sie all' im Sack:
Kannst du sie dir lächelnd kneten
Nach dem eigenen Geschmack . . .

Kannst du Hymens Wonne spenden,
Lust, wie sie dem Weibe frommt,
Giebst du Gold mit vollen Händen,
Jedes Weib wird zahm — und „kommt!" . . .

„Kommt"!, läßt sich die Haare krauen,
Wirft sich in die Arme dir —
Denn es lebt in allen Frauen
Ein Stück Dirne, ein Stück Tier! . . .

II.

Und wenn die Welt voll Teufel wär'
Voll Weiber, die „berücken:"
Teufel will sein ich noch vielmehr,
„Verführen" mit Entzücken!

Nicht Eine darf mir widerstehn!
Wenn ich sie mir begehre;
Ins Netz muß sie mir lächelnd gehn
Mit Jugend, Schönheit, Ehre!....

Dichters Erdenwallen.

Halb Gottgefühl, halb Erdenstaub
Muß hier des Dichters schönes Fühlen
Im Todesschlamm der Weltlust wühlen —
Viel kleiner noch als Wurm und Staub;
Der Geist, der hier der Gottheit Wahn
In hohen Melodien gesungen:
Von Liebesfesseln hingezwungen
Ist er der Hölle Unterthan!

Künstlers Erdenwallen.
(An Karl Henkell.)

Wer ehrlich ringt, die Muse heischt als Pate,
Als echter Künstler stolz hier Welten schafft:
Dem nach der Götter hohem Schicksalsrate
Zum Fluche wird die hohe Künstlerkraft!
Vorübergeh'n dem Riesen blöd' die Zwerge
Und flieh'n den Weiheort, wo das Talent:
Wie Sonnenflut auf eis'ge Gletscherberge
Im Purpur heiliger Erfüllung brennt;

Nicht packt es sie mit innersten Gewalten,
Nicht fühlt des Edlen Glut ihr ödes Herz,
Wenn zitternd nah'n der Sehnsucht Glutgestalten
Und der Erlösung Traum im Erdenschmerz!
Daß auch dies Menschen sind! Daß Erdgebor'ne...
Den Sternen näher nicht als Blut und Koth,
Daß nie der Schönheit Sieg, der lichterkor'ne
Verklärt tiefekle, schale Erdennot...
Denn ob der Sehnsucht Drang in tausend Zungen
Empor sich rankt ins große Sternenmeer:
Umsonst haben ihr Schwanenlied gesungen
Shakespeare und Byrn, Cervantes und Homer! — —

Immaculata.

Perlen bedeuten Thränen! Armes Kind!
Was magst Du leiden! Hast Du schon gelitten!
Dem Schmerz der Schönheit sind sie Alle blind —
Und Tugend hat umsonst den Sieg erstritten!

Resignation.

Mein Herz, was soll die wilde Qual?
Die faustisch-wilde Lust?!
Sieh' dort das Hochgebirg, das Thal
Im goldnen Abendduft...

Einsam, wie dort die Felsen steh'n
Im bangen Erdenhaus:
So einsam ohne Liebe geh'n
Wir einst zur Welt hinaus .. —

Ein Zug des Leidens ...

Ein Zug des Leidens liegt um meinen Mund'
Und prägt sich tiefer ein von Stund' zu Stund',
Ein Zug des Leidens, namenloser Qual,
Weil das Geschick mein letztes Hoffen stahl! ...

Ich liebte rein, so tief und heilig-wahr! —
Doch all' mein Sehnen mir den Tod gebar!
Ich war ein treuer Sohn, ein Held der Pflicht —
Das brachte mir den schmerzlichsten Verzicht!

Nun ist sie fern, sie, die mich nie geliebt!
Nun ist sie fern. Kein Gott Erlösung giebt
Dem, der in seiner tiefen Seelennot
Nicht glauben kann: es gäbe einen Gott! —

Einsam.

Wieder bin ich einsam worden —
Um mich Winters Eis und Schnee! —
Schmerz will meine Seele morden
Und mich faßt unnennbar Weh! . . . .

8*

In tiefschmerzlichen Akkorden
Ström' ich aus, was mich bewegt,
Schmerz will meine Seele morden,
Bis sich nur Verzweiflung regt!

Schwarze Todesschatten steigen
An dem bleichen Himmel auf —
Mein Herz todesmatt sich neigen
Muß tiefdüstrem Schicksalslauf...

Viola.

Ich seh' dich deine Sünden büßen;
Dich, die kein sterblich Aug' sonst sieht,
Hinsinken zu der Gottheit Füßen,
So elend, ach! so kampfesmüd'!

Und Thränen mir im Auge thauen...
O Weib, ich hab' dich wahr geliebt!
Verzeih' mir edelste der Frauen,
Daß deinen Frieden ich getrübt!

Verhängnis spann um uns die Fäden
Und unentrinnbar war die Nacht —
Nach jähen, schmerzerfüllten Reden
Sind wir aus schönstem Traum erwacht;

Wir wissen: „Lieb' ist nur Chimäre,
Fata Morgana, holder Traum,
Daß hier ein Jeder glücklich wäre
Dafür hat diese Welt nicht Raum!

Einsam müssen wir kämpfen, ringen:
Entsagung winkt als höchster Preis!
Nur Arbeit stählt die müden Schwingen
Und führt hinauf zum Sternen Kreis! ...

Frühling.

Der Frühling kommt zur Erde nieder,
Von Golde träuft die blüh'nde Welt:
Die Sel'gen steigen mild hernieder —
Und jede Erdenschranke fällt!
Duftwolken schweben auf und nieder
An dem tiefblauen Himmelszelt ...
Wonniglich prangt der weiße Flieder!
Es schwelgt die Seele süß erhellt!
In alle Herzen strömt die Sonne,
In alle Herzen süße Ruh,
Den Strahlen ew'ger Liebeswonne
Jauchzt laut die sel'ge Menschheit zu! ...

Daheim.

Auf deiner Schwelle, Mutterhaus,
Wie anders nimmt die Welt sich aus!
Dem treu'sten Herzen selig nah:
Dem, der in's Mutterauge sah! ...

So traulich grüßen hier die Wände,
Die lächelnd einst das Kind geschaut:
Hier streckt' es aus die kleinen Hände,
Erklang der erste Wonnelaut ...

Hier sah's die goldnen Himmelspforten!
Und Sehnsucht trug es fort, weit fort,
Bis in der Mutter Liebesworten
Es neu sich fand am schönsten Ort!...

Genesung.

Ihr Träume voll Triumph,
Ihr Wecker geist'ger Fülle,
Habt Dank, daß Ihr
Dem Geist, der matt und stumpf
Und ohne Mut, deß' Wille
Ohnmächtig, krank, zersplittert,
Vom Daseinskampf erschüttert,
Auf's Neue naht in alter Pracht!....
Fern weicht der Schattenthron der Nacht!
Goldne Saaten darf ich säen!
Lieb' und Treue darf ich atmen!
Und mir flammt ein neues Leben
In der Adern Glutenstrom,
Meine Seele darf ich geben
Dem tiefblauen Himmelsdom;
Rings des Frühlings Bäche fluten,
Wiesen grünen rings und Au'n
Und in wundervollen Gluten
Zittert himmlisches Vertrau'n!
An des Ruhmes gold'nen Zielen
Darf auch ich nun stolz es fühlen:
Daß auch ich „ein Mensch gewesen,
Und das heißt ein Kämpfer sein".

Das verlor'ne Paradies.
(Eine Studie.)

I.

Fremd ich durch dieses Leben ging;
Wohin ich meine Schritte lenkte
Stets mich dieselbe Nacht umfing,
Darin kein Strahl des Lichts sich senkte!
Und all' die Menschen, die ich sah
Sie waren boshaft, schlecht und feig
Und nur ihr „Ich" war ihnen nah! — —
So wandelt' ich den Martersteig
Des Daseins manches dunkle Jahr,
Doch nie, nie ward die Hoffnung still,
Daß irgendwo mir heilig-wahr
Ein „spätes Glück" erblühen will! . . .

II.

Jahre hab ich' so, trüb und bang,
Umsonst gelitten und gehofft,
Nun such' ich sel'gen Untergang
Im Reich der Dichtung, wie so oft!
Wo Phantasie die Königin ist,
Wo kühn der Geist als Herrscher thront:
Ein zaubrisch Reich der Sehnsucht grüßt,
Das den Vasallen fürstlich lohnt . . .
Und was an Fühl'n der Mensch hier hegt
So überschwänglich-wonnevoll,
Was ihn so tausendfach bewegt
An Lust und Schmerz, an Zorn und Groll:

In königlichen Rhythmen braust
In magisch-stolzem Feuerstrom! —
Die Not, die uns so herb umgraust
Verklärt der Muse Weihedom!...
O trunk'ner Jubel höchster Kraft
Wenn göttlich-schön das Ideal
Im Sturzbach wilder Leidenschaft
Fortreißt die Felsen dumpfer Qual,
Wenn endlich jenes Eden lacht
Ein zauberisches Blütenthal,
Das schmachtend tief in Todesnacht
Das Herz ersehnt viel tausendmal!...

Reinhold Lenz.

Daß hier der beste Freund oft lügt,
Das Wort uns bricht, Gemeinheit siegt,
Daß eines Lüstlings frevlem Spiel
Die reinste Tugend schmählich fiel,
Daß eines Weibes Hochverrat
Den Himmel nahm, um den er bat,
Das konnt' der Gottheit er verzeih'n!...
Doch das — o ew'ge Marterpein! —
Hier selbst das höchste Ideal
Ewig ein Wahn nur bleibt, nur Qual,
Daß all' die Glut so lichtgenährt
Sich ruhmlos in sich selbst verzehrt,
Daß uns der Götter Tisch verwehrt,
Wenn stolzer wir das Flammenschwert

Des Geistes wie manch' Streber hier
Schwangen:
Das nahm göttlicher Leidenschaft.
Die hehre Ueberwinderkraft
Und er, der stolz der Menschheit Höh'n
Einst sah, er ließ es still geschehn,
Daß er in Moskaus Nacht verkam!

Modepoesie.

Gar Mancher überlädt sich heut den Magen
Mit Zola, Dostojewski: wie ein Kind,
Das zur verbot'nen Frucht treibt leckes Wagen
Und das für jedes Mahnwort taub und blind!
Nach Gerhard Hauptmann stürmen sie die Läden,
Und „freie Bühne" heißt ihr Losungswort.
Mitleidig lächeln sie heut über Jeden,
Der nicht im Schmutze sieht den letzten Hort.
Welch' Toben rings! Der satte Bildungspöbel,
Der Bierphilister spitzt das lange Ohr,
Der Realismus rasselt mit dem Säbel,
Erwache deutscher Michel! Auf, du Thor!
Sieh' in dem fetten Käs' die feisten Maden,
Wie sie behaglich grinsend faulen Schwamm
Aus allertiefsten Daseinstiefen laden —
Sei Realist: dann bist du auf dem Damm!

Wie Indiens Bajadère...

Wie Indiens Bajadère
Ihrer Wollust Sehnsuchtsglut
In des Tanzes Lustchimère
Stillt: nie schweigt das heiße Blut:
So dem Gott der Kamtschadalen
Ewig eine Sonne glüht,
In mattgelben Perserschaalen
Blaß der Houri Leib erblüht:
So das Glück mit weichen Armen
Naht dem schwachen Erdensohn —
Und in himmlischem Erbarmen
Winkt ihm aller Qualen Lohn!

Echte Freundschaft.

Dem glaube nicht, der stets dir naht
Mit listig-freundlicher Geberde,
Von Weihrauch triefend früh und spät!
Doch wer dir kühn die Wahrheit sagt
Und deine Thorheit laut anklagt,
Wenn du gefehlt: der ist dein Freund,
Der ehrlich, treu es mit dir meint,
Auf den in Stunden der Gefahr
Du wie auf Felsen bauen kannst!
Und wenn du immer offen, wahr
Bist gegen ihn, dann ist er's auch —
Das ist der Freundschaft schöner Brauch!

In holder Gegenseitigkeit
Bleibt sie sich gleich in Lust und Leid;
Stets hilfsbereit, stets voller Trost,
Wenn Daseinsschmerz das Haupt umwebt
Und dicht über dem Opfer schwebt,
Dem Geier und dem Vampyr gleich
Lechzend nach edlem Herzensblut . . .
In solcher Stunden Not erprobt
In Feuers Glut sich echte Freundschaft —
Der Seelen süßeste Gemeinschaft
Wird deutlich, göttlich offenbar!

Angelus Silesius.

Ja mild und lind
Führet die Guten
Der Gottheit Hand;
Selig schreiten
Sie in die Nacht
In gold'ne Weiten
Voll Sonnenpracht . . .
All' ihr Leiden
So stolz und still
Fromm sie umkleiden
Mit himmlischer Hüll'.

Spruch.

Wage ganz du selbst zu sein!
Das nur giebt dir Glück allein,
Darfst du wahr in Allem sein —
Nur die Lüge schafft die Pein!

Glück.

Wie der Lilie zarter Stengel
In des Zephyrs lindem Weh'n
Neigst du dich — ein holder Engel —
Lächelnd meinem Liebesfleh'n . . .

Und ich lege dir zu Füßen
All' mein Sein in einem Wort:
Leis' die trunk'nen Seelen grüßen
Sich in himmlischem Accord . . .

Das Weib.

Welch' Abgrund ist das Weib! die holde Blüte,
Die dieses nächt'ge Dasein prächtig schmückt,
Doch deren Duft der Augenblick versprühte,
Wenn jäh die Tugendblume abgepflückt!

Nach Jahren.

I.

Weib, könntest du mir geben,
Wonach mein Herz verlangt:
Dies holde Blütenleben
Von Sonnenduft umrankt,
Dies hehre Aufwärtsschweben
Von Sehnsucht süß durchbangt —
Könnt'st du zum Lichte heben
Den, der so einsam krankt!...

II.

Wohl sagt zu jeder Stunde
Mein Aug' dir stummen Dank
Aus tiefstem Herzensgrunde!....
In göttlicher Sekunde
Die Seel' Erlösung trank
Im Hauch von deinem Munde,
Als Leib zu Leib hinsank ...
Doch all' die Wonnenächte,
Die jener Kuß uns lieh,
Wie Duft der schönen Flechte
Schwand ihre Poesie!
Nur einmal hier im Leben
Spendet Liebe dies Glück:
Arabiens Wonnen geben
Ein Wort, ein Kuß, ein Blick!
In Wollusthimmeln schweben
Die Seelen selig hin,
Im Traum selbst sie erbeben
Der Liebeskönigin! — —

Fragment.

Aus tiefstem Traum seist du gebannt —
Als hätt' ich niemals dich gekannt —
Kein Lied mehr künde deinen Ruhm:
Ewig zerstörtes Heiligtum!

Fragment.

Glaub, unwillkommen ist der Träumer,
Der — gleich Hamlet — nie kommt zur „That"!...
Das echte Weib genießen will!
Und liebst du nur den eignen Schatten,
So darfst du nimmer ird'scher Schönheit
Nahn, nimmer andachtsvoll genießen
Der Wunder wonnigstes: das Weib,
Darin die Sünde wachend schlummert,
Mit großen Kinderaugen ruft
Zum süßen Götterfest der Liebe . . .

Zauber des Auges.

Wer wäre nicht plötzlich — blitzgleich —
Von eines Blickes Zaubermacht
Im tiefsten Innern jäh getroffen,
Als hätte süßerschauernd er
In lausch'ge Waldesnacht geseh'n,
In eines Berges Wundertiefen,
Auf eines See's stillen Grund?! . . .

Dämonisch bannt das dunkle Auge,
Als läge düsteres Geheimnis
In seinem thränenfeuchten Strahl,
Indeß des Saphirs blaues Feuer
Das mag'sche Himmelswort verkündet:
„Du liebes Herz, vergiß mein nicht!"
Wie Wetternacht, gewitterschwer
Liegt es im grauen Falkenaug',
Indeß rehbraunem Auge lieblich
Entblüht des Kindes Unschuldssinn. — —

Laß das Herz ...

Laß das Herz am Herzen lauschen
Und in sanftem Schlag
Tausend Seligkeiten tauschen
Bis zum jungen Tag.

Himmelslust wird uns berauschen,
Edens Blütenhag:
Wenn in holden Götterwonnen
Unser sterblich Teil zerronnen!

Das Leben.

Ein trüber Wahn,
Ein Irren ohne Ziel und Ruh,
Ein Traum, deß' Hauch erstirbt im Nu —
Was ist das Leben mehr?!

Auf dunkler Bahn
Stumm, müde schreiten wir —
Das arme Herz so leer —
In das Revier
Der Nacht . . . .

Zum Beschluß.

Einst sah ich tiefgold'ne Höhen! . . .
Schimmernd sah ich Stern an Stern
Leuchtend durch die Himmel gehen —
Tausend Welten blieben fern!

Was dem Genius beschieden
Sagt mir frember Adlergeist, —
Und ich finde heil'gen Frieden,
Wo ein Gott mir Pfade weist!